SIRTFOOD DIÄT
leicht gemacht

Wie Sie effektiv abnehmen, gesünder leben & jünger aussehen mit der Power der Sirtuine

(Sirtfood Kochbuch inkl. Ernährungsplan)

Alexandra L. Thal

Alexandra L. Thal

Alexandra L. Thal

VIRTUOSO
books and more

1. Auflage 2020

Alexandra L. Thal

VIRTUOSO
books and more

1. Auflage 2020

ISBN: 978-3-96709-026-0

Inhalt

Vorwort

Liebe Leserin, lieber Leser,

vielen Dank dafür, dass Sie mein Buch lesen. Mein Ziel ist es, Sie in das Thema „Sirtfood“ einzuführen und Ihnen dabei behilflich zu sein, die Sirtfood-Diät ganz einfach selbst auszuprobieren. Damit Sie von Anfang an **große Erfolge erzielen**, finden Sie in meinem Buch nicht nur viele Tipps, sondern auch einen Ernährungsplan und 77 Rezepte. Außerdem erfahren Sie, wie die Sirtuin-Diät eigentlich funktioniert und was sich dabei im Körper abspielt.
Lassen Sie sich nun **selbst überzeugen** von der **höchst effektiven und gesunden Sirtfood-Diät**.
Ich wünsche Ihnen viel Freude beim Lesen!

Ihre Alexandra L. Thal

Einleitung

Jedes Jahr zu Beginn des wunderschönen Frühlings können wir ein faszinierendes Phänomen beobachten. Die meisten, wenn nicht alle Frauenzeitschriften haben nur das eine Thema auf dem Cover: "So erreichen Sie Ihre Strandfigur!", "Abnehmen leicht gemacht!", "Ihre Traumfigur wartet auf Sie!", "Die besten und effektivsten Trenddiäten!" Und jedes Jahr kaufen Millionen von Frauen und auch immer mehr Männer die Zeitschriften mit der Hoffnung, ein paar Kilos abzunehmen, um wieder in die zu eng sitzende Hose zu passen. Und jedes Jahr müssen wir feststellen, dass die mit viel Mühe abgenommenen Kilos wieder schnell auf unsere Hüfte finden. Kennen Sie das auch? Vielleicht haben Sie auch so ähnliche Erfahrungen gemacht – jedes Mal starten wir hoffnungsvoll mit einer neuen Diät und jedes Mal werden wir enttäuscht, wenn die hartnäckigen Kilos wieder an uns kleben. Der berühmt-berüchtigte Effekt: der Jo-Jo-Effekt. Der Körper glaubt, aufgrund der geringen Nahrungsmenge in einer Notsituation zu sein und reduziert seinen Kalorienbedarf auf das Minimum. Sobald aber die Hungerzeit vorbei ist, nutzt er jede Möglichkeit und jede einzelne Kalorie, um Reserven für die Notzeit zu erhöhen. Und so passiert es im Handumdrehen, dass wir nicht nur die verlorenen Pfunde wieder darauf haben, sondern sogar ein paar Kilos mehr – sozusagen ein kleiner Extrabonus für den Treuekunden des Diäten-Marathons.

In der heutigen Zeit ist es schon fast selbstverständlich, dass Frauen eine Diät halten. Aber auch bei den Männern gewinnt der Wunsch nach "guter Figur" immer mehr an Bedeutung. Zahlreiche Werbekampagnen in Zeitschriften und vor allem in Social Media zeigen uns schlanke, perfekt definierte Körper. Und so fühlen sich viele Menschen schon fast dazu gezwungen zu hungern, um in die Norm des Schönheitsideals zu passen. Stopp! An dieser Stelle möchte ich etwas klarstellen. Diät heißt nicht hungern! Nahezu jeder Mensch weiß, was Diät bedeutet oder besser gesagt, meint es zu wissen. Denn in der Gesellschaft hält sich hartnäckig das Vorurteil, dass das Halten einer Diät eine sehr geringe Nahrungsaufnahme und ständiges Hungergefühl mit sich bringen. Und genau das ist falsch! Hierbei sollte die genaue Definition der Diät geklärt werden. Das Wort "Diät" kommt aus dem Altgriechischen "Diaita" und bedeutet nichts anderes als "Lebensweise". Das heißt, wenn man eine Diät hält, ernährt man sich auf eine bestimmte Art und Weise. Dies ist jedoch nicht zwangsweise mit Hunger verbunden. Die Diäten können mit Hunger einhergehen, müssen es aber nicht. Allein die Art der Diät ist entscheidend dafür, wie wir uns fühlen.

Ernährungswissenschaftler in der ganzen Welt suchen seit Jahren nach der ultimativen Diät, die uns ohne Hungern und Leiden eine effektive und vor allem dauerhafte Gewichtsabnahme ermöglicht.

Dem Hunger "Auf Wiedersehen!" sagen und sich stolz in einer engen Hose im Spiegel anschauen. Eine neue Diät verspricht genau das. Sind Sie neugierig?

In diesem Buch erfahren Sie, wie Sie dauerhaft abnehmen können, ohne die Freude am Essen zu verlieren. Sie werden sehen: Man kann das Essen genießen, sich satt essen und trotzdem schlank bleiben. Das Zauberwort dafür lautet "Sirtfood-Diät". Einfach und effektiv – das zeichnet diese Ernährungsweise aus. Ich zeige Ihnen, welche Lebensmittel wahre Speckröllchen-Killer sind und wie Sie die Sirtfood-Diät perfekt in Ihren Alltag integrieren können.

Mit vielen Tipps und Ratschlägen schaffen Sie nicht nur gesund abzunehmen. Sie werden Ihre Wunschfigur auch dauerhaft behalten können. Mein für Sie erstellter Ernährungsplan, die vielen Tipps zur Diät sowie die leckeren Sirtfood-Rezepte erleichtern Ihnen den Weg zur Traumfigur.

Sirtfoods – was steckt konkret dahinter?

Trends in der Welt der Diätetik (Wissenschaft der Diäten) stehen nicht still. Jedes Jahr werden uns immer mehr neue Ernährungsformen eröffnet, nach denen wir uns besser, leichter, jünger und frischer fühlen sollen. So heißt es zumindest in der Theorie. Viele Blogger und Prominente probieren die neuen Diätformen aus, um beim nächsten Event in bester Form zu glänzen.

Neue Arten von Diäten erscheinen regelmäßig, die Sirtfood-Diät ist eine davon. Sie ist bereits zu einer Berühmtheit in der ganzen Welt geworden – ein wahrer Star. Sie lässt nämlich den Rotwein und die Schokolade zu und ihre Fans feiern sie dafür. Was ist denn das Besondere an dieser Diät? Was ist ihr Geheimnis?

Der Name der Diät stammt vom Protein "Sirtuin", auch genannt als "Anti-Aging-Protein" oder "Gen der Langlebigkeit". Die von den Ernährungswissenschaftlern Aidan Goggins und Glen Matten entwickelte Sirtfood-Diät sollte man viel mehr als ein Anti-Aging-Express-Programm bezeichnen. Denn diese Ernährungsform bringt den Körper effektiv in die Bestform, in all seinen Facetten.

Die Sirtfood-Diät hat das Ziel, das Gewicht zu reduzieren, die Gesundheit zu verbessern und positive Veränderungen des Körpers auf der zellulären Ebene auszulösen – eine Art revolutionärer Plan.

Insgesamt basiert die Ernährung auf Untersuchungsergebnissen der Sirtuin-Enzyme, einer Gruppe von sieben im menschlichen Körper vorkommenden Proteine. Sie regulieren und verbessern eine Vielzahl von Funktionen im Körper, einschließlich des Stoffwechsels, der Entzündungswerte und der Lebenserwartung. Sirtuine beschleunigen die Aufnahme von Fetten und leiten einen

Großteil der Glukose in die Muskeln des Körpers und nicht in den Fettspeicher.

Die Idee liegt auf der Hand: Eine höhere Menge an Sirtuin-Enzymen bewirkt die Beschleunigung des Stoffwechsels und Regenerierung des gesamten Organismus. Das heißt, wenn wir dem Körper eine ausreichend große Menge der Sirtuine zur Verfügung stellen, profitieren wir von allen guten Eigenschaften dieses Enzyms. Um Sirtuin-Proteine zu aktivieren, werden vermehrt Lebensmittel konsumiert, die die Produktion der Sirtuine im Körper erhöhen.

Aidan Goggins und Glen Matten haben herausgefunden, dass bestimmte Lebensmittel den Sirtuinspiegel im Körper in die Höhe treiben. Somit ermöglicht der Verzehr dieser Lebensmittel in Kombination mit reduzierter Kalorieneinnahme einen schnellen Gewichtsverlust, wobei die Muskelmasse erhalten bleibt. Basierend auf Forschungen und Überlegungen entwickelten Ernährungswissenschaftler einen Speiseplan, der auf bestimmten Lebensmitteln basiert. Dieser wurde entwickelt, um nicht nur schnell Gewicht zu verlieren, sondern auch, um die verborgenen Reserven des Körpers zu aktivieren und die Zellregenerierung zu beschleunigen.

Die gute Nachricht ist, dass viele der von Goggins und Matten empfohlenen Produkte jeden Tag auf unserem Tisch landen, zum Beispiel der Kaffee.

Die Wirkung der Sirtfood-Diät liegt nicht nur in der ästhetischen Schlankheit der Figur, sondern auch in der Verjüngung des Körpers. Die Prinzipien dieser Diät sind nicht kompliziert, da sie nur auf einer Auswahl bestimmter Lebensmittel basieren. So können Sie mit der Sirtfood-Diät beispielsweise Schokolade essen und Wein trinken (natürlich in Maßen), während Weizen komplett verboten ist.

Das Sirtuin-Enzym und seine Wirkungen im Körper des Menschen

Aidan Goggins und Glen Matten, beide zertifizierte Ernährungswissenschaftler (Aidan Goggins auch Apotheker), bildeten die Grundprinzipien der Sirtuin-Ernährung, nachdem sie die vorteilhaften Eigenschaften des biologisch aktiven Stoffes Resveratrol sorgfältig untersucht hatten.

Resveratrol kommt in der Schale von Weintrauben und somit auch in Rotwein vor und verleiht dem Getränk einen Mix aus guten Eigenschaften: Schutz vor freien Radikalen und Krebserkrankungen sowie Senkung des Cholesterinspiegels im Blut.

Resveratrol gehört zur Klasse zellulärer Enzyme – der Sirtuine. Renommierte Wissenschaftler haben bereits vor langer Zeit angenommen, dass die Sirtuin-Enzyme für viele gute Fähigkeiten des Körpers verantwortlich sind. Zu diesen Fähigkeiten gehören in erster Linie: dem Stress zu widerstehen, den Alterungsprozess zu regulieren sowie altersbedingte Krankheiten zu verhindern.

Sirtuine sind Regulatoren von "stillen" Informationen, einer speziellen Klasse von Proteinen. Sie beeinflussen unsere Gene, die für die Energiefreisetzung, die Jugend und einen aktiven Stoffwechsel verantwortlich sind. **Der Mensch hat sieben Klassen von Sirtuinen:**

- SIRT1 wird in verschiedenen Regionen des Gehirns produziert, in der Leber, in der Bauchspeicheldrüse und im weißen Fettgewebe.

- SIRT2 kommt sowohl im weißen als auch im braunen Fettgewebe vor.
- SIRT3 und 5 sind in der Leber vorhanden.
- SIRT4 befindet sich in den Zellen der Bauchspeicheldrüse, die Insulin synthetisieren.
- SIRT6 wird in Fett-, Muskel- und Nervengewebe produziert.
- SIRT7 findet man im Fettgewebe und im Herz.

SIRT1 ist das bisher am besten erforschte Sirtuin. Es wird durch ein Kaloriendefizit aktiviert und wirkt als sensorischer Energieregulator. Es hilft den Zellen, ATP (Energieträger der Zellen) und Nikotinamid freizusetzen. Nikotinamid ist ein wasserlösliches Vitamin der B-Gruppe und ist an der Verstoffwechselung der Energielieferanten beteiligt. Das Freisetzen dieser Stoffe hat viele positive Auswirkungen auf unseren Körper.

Ewig jung – der Anti-Aging-Effekt

Unsere Jugend – für die meisten Menschen einer der schönsten Lebensabschnitte. Sie bedeutet uns so viel. Gern erinnern wir uns an fröhliche Treffen mit Freunden, das unbeschwerte Leben, an die nahezu unerschöpfliche Energie. Viele Ziele, Perspektiven und Möglichkeiten – wenn wir jung sind, stehen uns alle Wege offen, das ganze Leben liegt uns zu Füßen. Auch an die ständigen Begleiter der jungen Jahre – Gesundheit und Schönheit – erinnern wir uns gern.

Frisches Aussehen, glatte Haut und eine jugendliche Ausstrahlung möchten alle Menschen, solange es nur geht, beibehalten. Kein Wunder, dass bereits seit Tausenden von Jahren Wissenschaftler versuchen, Substanzen zu finden, die das Altern verlangsamen und uns, wenn auch nicht für ewig, aber für eine lange Zeit die Schönheit und Gesundheit der Jugend schenken.

Anti-Aging-Cremes, Peelings und Massagen können zwar gegen das Altern unterstützend wirken, aber die Basis für junges

Aussehen liegt in unserem Inneren. Daher ist es ratsam, zunächst mit der richtigen Ernährung die jugendliche Schönheit und Gesundheit zu bewahren.

Es ist wissenschaftlich bewiesen, dass Sirtuine nicht nur unseren Stoffwechsel aktivieren, Giftstoffe aus dem Körper ausschwemmen und beschädigte Zellen reparieren. Auch ein enormer Anti-Aging-Effekt wird den Sirtuinen zugeschrieben. Die Enzyme verlangsamen das Altern und sorgen damit für ein jüngeres Aussehen und eine höhere Lebenserwartung. Bereits jetzt werden Enzyme der Sirtuin-Gruppe als "Gene der Jugend und Schönheit" bezeichnet.

Wie funktioniert eigentlich die Sirtfood-Diät?

Wie alle anderen Diäten hat auch die Sirtfood-Diät einen bestimmten Ansatz. Sie basiert auf Lebensmitteln, die den Sirtuinspiegel im Körper erhöhen. Wie bereits erwähnt, sind Sirtuine eine Gruppe von sieben Proteinen, die im Körper vorkommen. Diese Substanzen haben viele einzigartige Eigenschaften, die den Kern der Sirtfood-Diät bilden. Sirtuine reparieren DNA-Schäden, regulieren Alterungsprozesse, helfen unserem Organismus, Stress und diverse Krankheiten zu bekämpfen. Zudem verbessern sie den Stoffwechsel und unterstützen uns dabei, überschüssiges Fett loszuwerden. Kleine Fettpölsterchen mögen vielleicht noch "süß und niedlich" erscheinen, aber Übergewicht kann zu ernsthaften Erkrankungen führen. Denn eine schlanke Körperform ist nicht nur eine Schönheitsfrage. Viele Krankheiten wie Diabetes, Fettstoffwechselstörungen, Atemwegserkrankungen sowie Herz- und Kreislauferkrankungen gehen Hand in Hand mit Übergewicht. Mit der Sirtfood-Diät können Sie die lästigen Fettreserven schonend und auf eine gesunde Art und Weise loswerden.

Um den Körper zur Produktion von Sirtuinen anzuregen, müssen Sie sich bei Ihrer Ernährung auf Sirtfoods fokussieren. Die Sirtfood-Diät nutzt die positiven Eigenschaften der Sirtuin-Enzyme. Diese unterstützen unseren Körper auf der metabolischen Ebene und ermöglichen eine gesunde Gewichtsabnahme, ohne dabei die Muskeln zu schwächen bzw. abzubauen. Es ist wichtig zu verstehen, dass Sirtuine nicht einfach in Form von Nahrungsergänzungsmitteln aufgenommen werden können. Es ist jedoch möglich, die Bildung von Sirtuin-Enzymen zu aktivieren und zu unterstützen. Einige Lebensmittel sind wirklich dazu in der Lage, in unserem Körper die Produktion dieser Enzyme anzuregen. Und genau da setzt die Sirtfood-Diät an. Wir können einfach mit dem Verzehr bestimmter Lebensmittel unseren Sirtuinspiegel erhöhen und unserem Stoffwechsel einen Powerschub geben. Ist es nicht faszinierend? Essen, um abzunehmen – das ist wirklich unglaublich, aber wahr. Welche Lebensmittel dieses Wunder bewirken können, erfahren Sie noch später. Eins kann ich Ihnen bereits verraten: Sie müssen keine komischen Insekten oder Pilze essen, nein, diese Lebensmittel werden Ihnen schmecken. Versprochen!

Goggins und Matten nannten diese Nahrungsmittel "Sirtfoods". Kurz gesagt: Sirtfoods sind Lebensmittel, die die Produktion von Sirtuinen im Körper stimulieren.

Sie bewirken eine Ansammlung an Sirtuin-Enzymen, die im Körper folgende Wirkung haben:
Weißes Fettgewebe wird in das braune Fettgewebe umgewandelt. Diese Umwandlung hilft uns, die überschüssigen Kilos schneller zu verlieren, da braunes Fett leichter verbrannt wird, wenn wir Energie benötigen.
Die Produktion der Adipokine (Proteine aus dem Fettgewebe), die das Hungergefühl erhöhen und den Körper zur "Fettansammlung" anregen, nimmt ab. Folge: Wir verspüren weniger Hungergefühl.
Die Empfindlichkeit der Zellen gegenüber Insulin nimmt zu. SIRT1 hilft bei der Kontrolle des Kohlenhydrat- und Fettstoffwechsels in der Leber.
Dank Sirtuinen bleibt das Muskelgewebe während der Kalorienreduktion erhalten. Die Muskelmasse nimmt sogar in einigen Fällen zu. Dies führt zu einem erhöhten Grundumsatz und wirkt beim Abnehmen unterstützend.
Jedes Sirtfood hat seine eigene Kombination von biologisch aktiven Substanzen, die gut für den Körper sind. Aber die Ernährungswissenschaftler sind noch einen Schritt weitergegangen. Sie fanden heraus, dass die Kombination mehrerer Lebensmittel mit einem hohen Sirtuin-Gehalt den Effekt vervielfacht.

In den nächsten Kapiteln erfahren Sie mehr über Sirtfoods und wie Sie diese in Ihre Ernährung und Ihren Alltag bestens integrieren können. Unsere Reise geht weiter.

Die Sirtuin-Aktivatoren im Überblick

Wir wissen bereits, dass die Produktion der Sirtuine im Körper dann aktiviert wird, wenn deutlich weniger Kalorien aufgenommen werden als nötig. Die zweite und auch bessere Möglichkeit, die Produktion anzuregen, ist die Aufnahme bestimmter Lebensmittel, die die sogenannten Sirtuin-Aktivatoren enthalten.

Die Wissenschaftler konnten nachweisen, dass Sirtuin-Aktivatoren positive Auswirkungen auf die Gesundheit haben, beim Muskelaufbau unterstützen und den Appetit unterdrücken. Zudem können sie helfen, das Gedächtnis zu verbessern, den Blutzuckerspiegel zu kontrollieren und Moleküle freier Radikale, die sich in Zellen ansammeln und Krankheiten verursachen können, zu beseitigen.

In allen Vertretern des Pflanzenreiches gibt es Sirtuin-Aktivatoren. Allerdings enthalten nur wenige Obst- und Gemüsesorten ausreichende Mengen der notwendigen Substanzen, um den Ehrentitel "Sirtfood" zu verdienen. Welche Obst- und Gemüsesorten dafür am besten geeignet sind, erfahren Sie noch später.

Sirtuin-Aktivatoren sind in der Ernährungswissenschaft im Vergleich zu Vitaminen oder Antioxidantien nicht lange bekannt. Der erste identifizierte Aktivator – und der bisher berühmteste – war Resveratrol, welches in den Schalen von roten Trauben und Granatäpfeln gefunden wurde. Nach und nach haben die Ernährungswissenschaftler weitere Sirtuin-Aktivatoren entdeckt.

Sirtuin-Aktivatoren im Überblick

Allicin wirkt antibakteriell, antibiotisch und cholesterinsenkend.
Anacardsäure weist ebenso eine antibakterielle und antibiotische Wirkung auf.
Anthocyan ist antioxidativ, zell- und genschützend.
Capsaicin ist blutverdünnend sowie entzündungshemmend. Eine zellschützende und stoffwechselaktivierende Wirkung wurde ihm ebenso nachgewiesen.
Catechine sind zell- und gefäßschützend und cholesterinsenkend. Sie aktivieren den Stoffwechsel und fördern den Fettabbau.
Cumarin ist gut für die Durchblutung und wirkt im Körper entzündungshemmend.
Curcumin wirkt entzündungshemmend, verdauungsfördernd und immunstimulierend.
Epigallocatechingallat (EGCG) ist immunstärkend, zellschützend und antioxidativ.
Glukoraphan/Sulforaphan hat eine antioxidative, antivirale, antibakterielle sowie entzündungshemmende Wirkung.
Hesperidin wirkt durchblutungsfördernd, blutdrucksenkend und gehirnschützend.
Indol-3-Carbinol entgiftet, stärkt das Immunsystem und gleicht den Hormonhaushalt aus.
Isoflavone hat eine gute Auswirkung auf Blutfette, Blutzucker sowie Blutdruck.
Isoliquiritigenin fördert die Darmgesundheit und wirkt entzündungshemmend.
Isothiocyanat ist antibakteriell und antiviral.
Kaffeesäure ist immunstimulierend, zellschützend und antioxidativ.
Naringenin ist cholesterinsenkend und hat eine positive Wirkung auf Blutzucker und Blutdruck.
Phloretin beeinflusst die Thrombozytenaktivität und schützt vor Herz- und Kreislauferkrankungen.
Piceatannol unterstützt beim Abnehmen, indem es die Entwicklung von Fettzellen blockiert.
Protocatechusäure ist antioxidativ und antimikrobiell.

Quercetin ist antioxidativ und gut für die Prävention von Arteriosklerose.
Resveratrol ist antidiabetisch, fettabbauend und lebensverlängernd.

All diese Sirtuin-Aktivatoren findet man vor allem in Obst und Gemüse. Wenn Sie bei Ihrem Ernährungsstill auf den Verzehr bestimmter Obst- und Gemüsesorten achten, können Sie Ihre Gesundheit enorm fördern, einen hervorragenden Anti-Aging-Effekt erzielen sowie Ihre Traumfigur erreichen.

Ist die Sirtfood-Diät für mich geeignet?

Jeder von uns isst in seinem Leben rund 100.000-mal. Pro Monat verputzen wir etwa so viele Nahrungsmittel und Getränke wie unser Körpergewicht beträgt. Bis zum Tod sind es etwa 65 Tonnen. Bei diesen Zahlen staunt man wirklich. Nicht wahr? Wenn man die Zahlen verinnerlicht hat, versteht man erst recht, wie wichtig das Essen eigentlich ist und welchen Stellenwert es in unserem Leben einnimmt. Das Essen ist überlebenswichtig, und nicht nur das. Denn der bekannte Spruch: "Man ist, was man isst" trifft es auf den Punkt. Eine gesunde Ernährung lässt einen auch gesund und wohl fühlen. Leider gibt es in der Hinsicht einen kleinen Haken: wir sind alle unterschiedlich.

Unterschiedliche Menschen, unterschiedliche Körper haben unterschiedliche Bedürfnisse. Deshalb ist es enorm wichtig auf seinen Körper zu hören, um den passenden Ernährungsstil für sich zu identifizieren.

Sie interessieren sich für die Sirtfood-Diät? Sicherlich! Sonst würden Sie dieses Buch nicht lesen. Sie fragen sich bestimmt, ob die Sirtfood-Diät für Sie geeignet ist. Nun versuchen wir das gemeinsam zu klären.

Für wen ist die Sirtfood-Diät geeignet und für wen nicht?

Das A und O bei jeder Diät ist die Disziplin. Sind Sie diszipliniert, haben Sie gute Chancen, die Diät (auch für eine längere Zeit) in Ihr Leben zu integrieren. Die Kalorienreduktion und der Verzehr von sirtuinreichen Lebensmitteln haben auf einen gesunden Menschen keine negative Auswirkung. Da der Schwerpunkt der Diät auf pflanzlichen Sekundärstoffen liegt, ist der Verzehr von Fleisch stark begrenzt. Für diejenigen, die ohne Hühnerbrustfilet und saftiges Steak nicht leben können, wird es schwierig sein, die Diät durchzuhalten.

Zur Risikogruppe gehören unter anderem Diabetiker. Zwar kann die Sirtfood-Diät helfen, die Insulinresistenz zu korrigieren und den Anstieg des Blutzuckers zu minimieren, jedoch kann die starke Einschränkung der Kalorienzufuhr in den ersten Tagen zu gefährlichen Blutzuckerspitzen führen.

Den Schwangeren sowie Menschen mit chronischen Erkrankungen und Magen-Darm-Beschwerden wird die Sirtfood-Diät nicht empfohlen. Auch für Menschen mit einer Allergie gegen grünes Gemüse ist diese Ernährungsform ungeeignet.

Wenn Sie mit der Sirtfood-Diät anfangen und Ihre alten Essgewohnheiten nun ändern möchten, sollten Sie Ihren Ernährungsberater oder Arzt konsultieren.

Die Phasen der Sirtfood-Diät – so funktioniert die konkrete Umsetzung

Jetzt mal Hand aufs Herz: Essen Sie immer nur dann, wenn Sie Hunger haben?

Die meisten Menschen essen aus folgenden Gründen:

Sie haben Frust, nichts klappt so, wie Sie sich das vorstellen. Unser Leben ist wie ein Zebra mit schwarz-weißen Streifen. Und so neigen viele Menschen in den "schwarzen Phasen" dazu, in großen Mengen zu essen. Sie nehmen zu und sind dadurch noch mehr frustriert – ein Kreislauf.
Unser Leben ist geprägt von Hektik. Oft hat man das Gefühl, mit der enormen Dynamik unserer Welt nicht mehr mitzukommen. Wir fühlen uns gestresst und gehetzt. Keine Zeit für sich, keine Zeit für Mitmenschen, keine Zeit fürs Essen. Und es passiert das, was nicht passieren sollte – wir stopfen schnell Essen in uns, um den Hunger zu stillen, meistens viel zu viel.
Und wenn uns ab und zu die Langweile überrollt, dann essen wir auch.
Selbstverständlich essen wir auch, wenn wir Hunger haben.
Wir essen in den meisten Fällen viel zu oft und viel zu viel. Wenn Sie bedenken, dass die meisten von uns in der heutigen Zeit eine sitzende Tätigkeit haben, beträgt der tägliche Kalorienbedarf zwischen 2000 und 2500 Kalorien. Und diese Anzahl wird schneller erreicht als Sie glauben. Ein belegtes Brötchen zum Frühstück, Bratkartoffeln mit leckerem Steak als Mittagessen und abends eine leckere Lasagne, ach ja, zwischendurch noch ein paar Gummibärchen und Stückchen Schokolade. Und wir merken gar

nicht, dass die Kalorienzahl regelrecht explodiert. Schnell haben wir 3000, wenn nicht sogar 4000 Kalorien erreicht. Der entstandene Überschuss lächelt uns fröhlich zu und macht sich auf unserem Bauch und unserer Hüfte breit. Die angefutterten Pfunde sind schlecht für unsere Gesundheit und sollten durch Sport und gesunde Ernährung abgenommen werden.

Die Sirtfood-Diät gibt Ihnen die Möglichkeit, die angefutterten Kilos effektiv loszuwerden und sich trotzdem mit einem Stückchen Schokolade und Gläschen Rotwein zu belohnen.

Die Phasen der Sirtfood-Diät

Die Sirtfood-Diät wird in drei Phasen unterteilt. Bereits die ersten zwei Phasen ermöglichen Ihnen bis zu 3,5 kg in einer Woche zu verlieren und den Körper schnell zu regenerieren, ähnlich wie bei einer Fastenkur. Es wird empfohlen, alle drei Monate so eine "Kur-Woche" (1.+ 2. Phase) zu wiederholen, auch für diejenigen, die sich ständig an die Grundsätze der Sirtfood-Ernährung halten.

1. Phase: 1. – 3. Tag

In den ersten drei Tagen können Sie drei Portionen vom grünen Smoothie pro Tag trinken und eine volle Mahlzeit aus Sirtfoods essen. Die Kalorienmenge pro Tag darf maximal 1000 Kalorien betragen.

2. Phase: 4. – 7. Tag

An diesen Tagen können Sie zwei Portionen vom grünen Smoothie pro Tag und zwei Mahlzeiten aus Sirtfoods zu sich nehmen. Die maximale Kalorienmenge pro Tag beträgt 1500.

Allgemeine Regeln:

Trinken Sie den grünen Smoothie eine bis zwei Stunden vor der Mahlzeit.
Nach 19:00 Uhr sollten Sie nichts mehr essen.
In dieser Woche ist Alkohol nicht erlaubt. Stattdessen sollten Sie viel Wasser trinken, auch Kaffee und grüner Tee sind erlaubt.
Zum Nachtisch dürfen Sie sich mit einem Stückchen dunkler Schokolade mit mindestens 75 % Kakao belohnen.

3. Phase: 8. – 21. Tag

Die dritte Phase dauert mindestens 14 Tage oder länger. Es gibt keine Kalorieneinschränkung. Jedoch sollten Sie selbstverständlich die Kalorien im Auge behalten. Falls Sie Ihr Gewicht stabilisieren möchten, sollten Sie die Kalorienaufnahme an den Kalorienverbrauch anpassen. Wenn Sie weiterhin abnehmen möchten, sorgen Sie für ein Kaloriendefizit. Während der dritten Phase wird empfohlen, einen grünen Smoothie zu trinken und drei Sirtuin-Mahlzeiten zu sich zu nehmen.

Nach Abschluss der drei Phasen können Sie sich an eine langfristige Ernährungsumstellung und den Verzehr von Sirtfoods halten, um die Produktion von Sirtuinen im Körper anzuregen. Diese Enzyme werden im Körper nur dank bestimmter Ernährungsweisen in größerer Menge produziert. Deshalb ermöglicht uns die Sirtfood-Diät ein gesundes Abnehmen ohne zu hungern. Und das Beste daran ist, dass es sich nicht um teure, exotische bzw. schwerauffindbare Früchte oder Lebensmittel handelt. Nein, im Gegenteil, sie sind bereits in fast jeder Küche vorhanden.

In allen Phasen der Sirtfood-Diät ist es wichtig, dass Sie genug trinken. Bedenken Sie:

Unser Körper besteht zu etwa 60 Prozent aus Wasser. Fürs Wohlbefinden sollte diese Wassermenge im Körper auch gehalten werden. Trinken Sie daher mindestens zwei Liter Wasser am Tag.
In den menschlichen Muskeln sind bis zu 75 Prozent Wasser gespeichert. Eine ausreichende Menge an Trinkwasser unterstützt die Funktionen der Muskeln und beugt deren Abbau vor.
Unser Blut besteht sogar zu 90 Prozent aus Wasser. Trinken Sie genug und regelmäßig, um einen guten Transport der Nährstoffe zu gewährleisten.
Suchen Sie nach einer Abwechslung zum Wasser? Wie wäre es mit einer Tasse Grüntee oder Kaffee? Sie gehören nämlich auf die Liste der erlauben Sirtfoods oder besser gesagt Sirtdrinks. Welche Lebensmittel sonst noch auf die Liste der Sirtfoods kommen, erfahren Sie im nächsten Kapitel.

Trotz Vollzeit-Job gesund abnehmen

Auch für Vollzeit-Berufstätige ist die Sirtfood-Diät geeignet. Bereiten Sie den grünen Smoothie in der Frühe bzw. bereits am Vorabend vor und füllen Sie diesen in kleine Fläschchen ab. Denn diese lassen sich perfekt mitnehmen. Wenn Sie die Drinks bereits im Voraus vorbereiten, lagern Sie sie unbedingt im Kühlschrank. Auch Ihr Mittagessen können Sie schon am Vortag vorkochen und einfach in einer Dose transportieren. Bereiten Sie die Gerichte schonend vor. Eine kurze Kochdauer und niedrige Temperaturen sind wichtig für den Erhalt der gesunden Inhaltsstoffe. Falls Sie in der Firmenkantine essen, versuchen Sie auf Sirtfoods zu achten.

Essen Sie viel Salat und Gemüsegerichte. Als Snack ist ein Apfel perfekt für den Büroalltag geeignet.

Top Sirtfoods – Nahrungsmittel mit viel Sirtuin

Während der Sirtfood-Diät können Sie abwechslungsreich und lecker essen. Folgende Lebensmittel tragen den Titel "Sirtfood":

Äpfel

"One apple a day keeps the doctor away!" – Äpfel bringen unseren Stoffwechsel auf Hochtouren. Zudem enthalten sie reichlich Ballaststoffe und Kalium. Essen Sie die Früchte mit Schale und bevorzugen Sie Bioäpfel. Besonders viele Vitamine enthalten die Sorten "Ontario", "Berlepsch" und "Boskoop".

Brokkoli

Von vielen Kindern zu Unrecht gehasst, gehört Brokkoli zu den gesündesten Lebensmitteln überhaupt. Außerdem enthält Brokkoli viel Karotin und schützt die Körperzellen vor Bakterien und Viren. An dunkelgrünen Röschen erkennen Sie frischen

Brokkoli. Nehmen diese einen gelblichen Ton an, ist der Brokkoli nicht mehr frisch und schmeckt oft bitter.

Buchweizen

Die blutzuckerregulierenden und blutdrucksenkenden Eigenschaften von Buchweizen machen ihn zu einem leckeren und gesunden Fitmacher. Zudem ist er glutenfrei und gut verträglich.

Cashewkerne

Proteinreiche Kerne eignen sich perfekt als ein Snack zwischendurch. Das darin enthaltene Magnesium und Phosphor sind gut für Muskeln, Knochen und Nerven. Aufgrund des hohen Fettgehalts sollten die Kerne jedoch nur in kleinen Mengen verzehrt werden.

Chilischoten

Wer es scharf mag, ist hier im Vorteil. Denn Chilischoten regen den Stoffwechsel an und helfen beim Abnehmen. Wenn Sie einen empfindlichen Magen haben, sollten Sie mit dem Verzehr von Chilischoten aufpassen.

Grüner Tee

Zum Abnehmen eignet sich grüner Tee hervorragend, besonders die Sorten Gyokuro, Bancha und Sencha. Der grüne Tee ist ein wahrer Wachmacher und wirkt entzündungshemmend sowie blutdrucksenkend. Sie können am Tag bis zu vier Tassen trinken.

Grünkohl

Vollgepackt mit Vitaminen und Antioxidantien ist Grünkohl der perfekte Begleiter der Sirtfood-Diät. 100 g Grünkohl liefern gleich die doppelte tägliche Dosis Vitamin C. Er ist cholesterinsenkend und krebshemmend. Damit alle guten Nährstoffe ihre Wirkung behalten, achten Sie bitte darauf, dass der Grünkohl schonend gegart wird.

Heidelbeeren

Kalorienarm und wasserreich – die perfekte Kombination zum Abnehmen. Heidelbeeren senken den Blutzucker und erhalten viele Vitamine. Achten Sie beim Kauf auf die Frische der Beeren. Heidelbeeren, die ihre Farbe und ihren Glanz verloren haben, lagern bereits zu lange und verderben somit schnell.

Himbeeren

Der hohe Gehalt an verschiedenen Vitaminen und wichtigen Mineralstoffen der Himbeeren, zum Beispiel Magnesium, Eisen sowie Kalium sind gesundheitsfördernd. Himbeeren haben von Juni bis September Saison. Im Winter können Sie mit gutem Gewissen auch auf Himbeeren aus der Kühltruhe zurückgreifen.

Kaffee

Was gibt es besseres, als am Morgen das leckere Kaffeearoma in seiner Nase zu spüren? Hmmm, Kaffee gehört zu den Lieblingsgetränken vieler Menschen. Über 160 Liter Kaffee trinkt ein Deutscher durchschnittlich im Jahr. Ganz schön viel. Umso mehr können Sie sich freuen, dass es Kaffee auf die Liste der Sirtfoods geschafft hat. Trinken Sie Ihren Kaffee verteilt über den Tag, bis zu vier Tassen sind erlaubt.

Knoblauch

Knoblauch verbessert die Durchblutung und aktiviert unseren Stoffwechsel. Frischer Knoblauch hat prall gefüllte, feste Zehen. Wenn die Spitzen der Zehen bereits grün austreiben, sind die Knoblauchknollen zu lange gelagert und haben einen unangenehmen Schwefelgeschmack. Geben Sie die Zehen erst am Ende des Kochvorgangs hinzu, so kann er am besten sein Aroma entfalten.

Kurkuma

Bereits seit über 4000 Jahren wird Kurkuma zur Gesundheitsförderung verwendet. Der Inhaltsstoff Curcumin ist antioxidativ und stark entzündungshemmend. Zudem schützt Curcumin unsere Darmflora und trägt zur gesunden Verdauung bei. In Kombination mit schwarzem Pfeffer wird Curcumin viel besser vom Körper aufgenommen und unterstützt beim Abnehmen.

Olivenöl

Ein wahrer Superheld! Das Olivenöl reduziert Cholesterin, das Thromboserisiko und hält die Hautzellen jung. Zudem wirkt das Öl entzündungshemmend. Achten Sie beim Kauf unbedingt auf gute Qualität. Für Salate eignet sich natives Olivenöl hervorragend, zum Braten sollte jedoch raffiniertes Olivenöl verwendet werden.

Petersilie

Die Petersilie verpasst Ihrem Essen in Sekundenschnelle eine Vitaminspritze. Die hohe Menge an Vitamin C hilft Ihrem Körper gegen Erkältungen anzukämpfen und gleicht Bluthochdruck aus.

Rotwein

Rotwein kann das Risiko für Herzinfarkt, Arteriosklerose sowie Krebserkrankungen senken. Diese Wirkungsweise verdankt er dem Resveratrol. Trotz der positiven Eigenschaften sollte der Rotwein aufgrund des Alkoholgehalts nur in kleinen Mengen getrunken werden.

Rucola

Die unscheinbaren kleinen grünen Blätter sind wahre Gesundmacher. Denn Rucola steckt voller Vitamine und Mineralstoffe. Zudem hat er reichlich sekundäre Pflanzenstoffe und Antioxidantien. Auch der hohe Gehalt an Folsäure ist besonders in der Schwangerschaft enorm wichtig.

Schokolade

Schokolade während einer Diät essen? Die Sirtfood-Diät macht es möglich! Ein Traum wird wahr. Genießen Sie dunkle Schokolade mit mindestens 75 % Kakaoanteil. Je höher der Kakaoanteil ist, desto besser. Denn die Sirtuin-Aktivatoren sind nicht in der Schokolade, sondern im Kakao enthalten. Achten Sie auf gute Qualität. Hochwertige, qualitative Schokolade erkennen Sie an einem seidigen und fleckenlosen Glanz. Verzehren Sie die Schokolade in Maßen und genießen Sie ganz bewusst diesen leckeren Moment.

Soja

Soja können Sie in vielen Varianten genießen – als Tofu, Sojamilch oder Sojabohnen. Besonders für Vegetarier ist es ein ganz tolles Produkt, da Soja viel pflanzliche Proteine enthält. Außerdem ist Soja reich an Ballaststoffen, Folsäure, Kalzium und Selen.

Tomaten

Tomaten sind die besten Freunde Ihres Stoffwechsels. Zudem sind sie reich an Spurenelementen wie Zink, Kupfer, Nickel und Kobalt. Tomaten machen auch eine Ausnahme: Frisch ist nicht gleich besser. Der Körper nimmt beispielsweise Lycopin aus verarbeiteten Tomaten (passierte Tomaten und Tomatensaft) besser auf als aus frischen Früchten.

Walnüsse

Walnüsse wirken sich positiv auf unser Herz aus und sind auch ein wunderbares Anti-Aging-Produkt. Sie sind cholesterinsenkend und blutzuckerregulierend. Wegen des hohen Fettanteils sollten Sie die Nüsse in kleinen Mengen genießen.

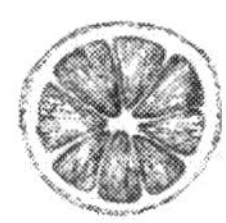

Zitrusfrüchte

Saftige Orange, ein Spritzer Zitronensaft im Salat oder die leckeren Mandarinen – die Zitrusfrüchte bieten uns ein leckeres Ensemble gesundheitsfördernder Inhaltsstoffe. Sie sind wichtige Vitamin-C- und B-Lieferanten, unterstützen die Körperabwehr und wirken entzündungshemmend.

Zwiebeln

Die heilende Wirkung der Zwiebel wird seit Tausenden von Jahren geschätzt. Die Zwiebeln lindern Entzündungen und wirken antibakteriell. Starke antioxidative Eigenschaften halten unseren Körper gesund. Wenn Sie das nächste Mal beim Schälen einer Zwiebel weinen, verzeihen Sie es ihr. Die Zwiebel ist unser guter Freund.

Fünf Tipps für Ihren gesunden Einkaufskorb:

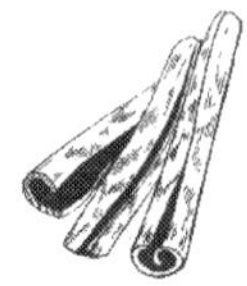

1. Kaufen Sie nur frisches Obst und Gemüse, am besten in Bioqualität. Es sollte knackig aussehen und nicht welk.

2. Versuchen Sie nur reifes Gemüse und Obst zu kaufen. Denn nur dann sind das Aroma sowie gesunde Inhaltsstoffe voll entwickelt.

3. Viele Vitamine sind sauerstoff- und lichtempfindlich, verzichten Sie daher auf abgepackte Salate.

4. Wenn Sie gefrorene Produkte (z. B. Himbeeren) kaufen, achten Sie darauf, dass diese keinen Gefrierbrand aufweisen.

5. Kaufen Sie Gewürze in kleinen Behältern. Denn sie verlieren schnell ihr Aroma und sollten daher zügig verwendet werden.

Wie Sie sehen, ist die Liste der Sirtfoods lang und und die Auswahl lecker. Es ist für jeden etwas dabei. Lassen Sie sich von unterschiedlichen Rezepten inspirieren und genießen Sie in vollen Zügen die Sirtfood-Diät.

Ihr Ernährungsplan zur Sirtfood-Diät

Woche 1 – Phase 1 der Sirtfood-Diät

MONTAG

Frühstück	Nr. 7
Snack	Nr. 7
Mittag	Nr. 33
Snack	Nr. 7
Abend	Nr. 50
Gesamtkalorien	929 kcal

DIENSTAG

Frühstück	Nr. 7
Snack	Nr. 7
Mittag	Nr. 49
Snack	Nr. 7
Abend	Nr. 42
Gesamtkalorien	914 kcal

MITTWOCH

Frühstück	Nr. 2
Snack	Nr. 7
Mittag	Nr. 74
Snack	Nr. 7
Abend	Nr. 7
Gesamtkalorien	970 kcal

DONNERSTAG

Frühstück	Nr. 4
Snack	Nr. 7
Mittag	Nr. 29
Snack	Nr. 7
Abend	Nr. 66
Gesamtkalorien	1421 kcal

FREITAG

Frühstück	Nr. 6
Snack	Nr. 7
Mittag	Nr. 27
Snack	Nr. 7
Abend	Nr. 67
Gesamtkalorien	1438 kcal

SAMSTAG

Frühstück	Nr. 1
Snack	Nr. 7
Mittag	Nr. 48
Snack	Nr. 7
Abend	Nr. 17
Gesamtkalorien	1399 kcal

SONNTAG

Frühstück	Nr. 3
Snack	Nr. 7
Mittag	Nr. 46
Snack	Nr. 7
Abend	Nr. 56
Gesamtkalorien	1480 kcal

Woche 2 – Phase 2 der Sirtfood-Diät

MONTAG

Frühstück	Nr. 5
Snack	Nr. 7
Mittag	Nr. 53
Snack	Nr. 23
Abend	Nr. 60
Gesamtkalorien	1774 kcal

DIENSTAG

Frühstück	Nr. 8
Snack	Nr. 16
Mittag	Nr. 40
Snack	Nr. 7
Abend	Nr. 64
Gesamtkalorien	1652 kcal

MITTWOCH

Frühstück	Nr. 11
Snack	Nr. 7
Mittag	Nr. 75
Snack	Nr. 15
Abend	Nr. 63
Gesamtkalorien	1787 kcal

DONNERSTAG

Frühstück	Nr. 22
Snack	Nr. 24
Mittag	Nr. 36
Snack	Nr. 7
Abend	Nr. 30
Gesamtkalorien	1740 kcal

FREITAG

Frühstück	Nr. 13
Snack	Nr. 7
Mittag	Nr. 57
Snack	Nr. 23
Abend	Nr. 61
Gesamtkalorien	1761 kcal

SAMSTAG

Frühstück	Nr. 4
Snack	Nr. 20
Mittag	Nr. 31
Snack	Nr. 7
Abend	Nr. 54
Gesamtkalorien	1804 kcal

SONNTAG

Frühstück	Nr. 14
Snack	Nr. 7
Mittag	Nr. 69
Snack	Nr. 18
Abend	Nr. 51
Gesamtkalorien	1700 kcal

Suchen Sie sich für die zweite Woche der Phase 2 nach diesem Muster Rezepte aus. Lassen Sie es sich schmecken und verlieren Sie auch in Woche 2 den Kalorienbedarf von ca. 1800 Kalorien nicht aus dem Blick.

Ist Sport während der Sirtfood-Diät erlaubt?

Ja, selbstverständlich ist Sport bei der Sirtfood-Diät erlaubt. Er ist sogar ein ganz wichtiger Bestandteil in jedem Abnehmprozess. Achten Sie insbesondere zu Beginn der Sirtfood-Diät auf Ihr Wohlbefinden. Fühlen Sie sich gut? Dann fangen Sie langsam mit der Bewegung an. Es muss nicht immer gleich eine Joggingstunde sein, auch ein abendlicher Spaziergang an der frischen Luft gibt Ihrem Stoffwechsel den nötigen Schub und macht gute Laune. Ausreden gelten nicht! Auch, wenn Sie kleine Kinder haben, Stress im Job oder unter Doppelbelastung in Form von Haushalt und Beruf stehen, schaffen Sie es, mehr Bewegung in Ihr Leben zu integrieren. 15 Minuten am Tag reichen aus. Wenn Sie sich nicht zu einer Sporteinheit, vor allem zu Beginn der Sirtfood-Diät, motivieren können, integrieren Sie Bewegung in Ihren Alltag. Und so geht es:
Nein zum Aufzug! Ja zur Treppe! Nehmen Sie bei jeder Möglichkeit die Treppe, Ihre Figur freut sich.

Lassen Sie das Auto stehen, nehmen Sie besser das Rad. Die Umwelt sagt Ihnen "Danke!" Bäcker um die Ecke? Zügiges Walken bringt innerhalb weniger Minuten Ihren Körper zum Aufwachen und Ihre Familie freut sich auf frische Brötchen. Warten Sie auf den Bus? Stehen Sie am Kopierer? Wozu die Zeit verlieren?

Spannen Sie Ihre Muskeln an und entspannen sie wieder. Anspannen, entspannen, anspannen, entspannen – eine tolle Übung für zwischendurch!

Mit jeder zusätzlichen Minute Bewegung bringen Sie Ihren Körper mehr und mehr in Schwung. Man darf nicht vergessen, dass jede körperliche Tätigkeit sich auf unseren täglichen Kalorienbedarf auswirkt. Bereits eine Stunde Spazierengehen verbraucht etwa 160 Kalorien, pro Woche sind es dann über 1000 Kalorien. Das motiviert!

Die Sirtfood-Diät in Verbindung mit dem Intervallfasten

Wir haben gelernt, dass die Sirtuine im Körper aus zwei Gründen gebildet werden:

Bestimmte Lebensmittel (Sirtuin-Aktivatoren) sorgen für eine höhere Ausschüttung der Sirtuine im Körper.
Stark kalorienreduzierte Ernährung fördert die Produktion von Sirtuinen.
Nun stellt sich die Frage, ob die Sirtfood-Diät mit dem weltbekannten Intervallfasten gleichzeitig angewandt werden kann. Um diese Frage zu klären, schauen wir uns zunächst an, was Intervallfasten bedeutet.

Das Intervallfasten ist ein Ernährungssystem, das Ihnen erlaubt, Ihre Lieblingsspeisen zu definierten Tageszeiten bzw. an einem bestimmen Tag zu genießen. Denn es gibt zwei Arten des Intervallfastens:

16/8-Intervallfasten: Hierbei wird 16 Stunden gefastet. Die Schlafenszeit wird in die Fastenphase integriert. In den restlichen acht Stunden darf gegessen werden. Sie können für die Mahlzeiten einen gewünschten Zeitraum wählen – zum Beispiel von 9:00 bis 17:00 Uhr oder auch von 11:00 bis 19:00 Uhr.

5/2-Intervallfasten: Bei diesem Konzept wird an zwei Tagen pro Woche gefastet und an fünf Tagen normal gegessen. An den Fastentagen dürfen maximal 500 Kalorien aufgenommen werden.

Intervallfasten ermöglicht dem Körper seine Fettreserven zu verbrennen. Insbesondere stellt diese Ernährungsumstellung die evolutionäre Fähigkeit des Körpers wieder her, interne Reserven besser und effektiver zu nutzen. Auch die Kohlenhydratempfindlichkeit wird dadurch verringert. Und das Gute daran: Intervallfasten kann wunderbar mit der Sirtfood-Diät kombiniert werden.

Beim 16/8-Intervallfasten können Sie in den acht Stunden den grünen Sirt-Drink trinken und bei Ihren Mahlzeiten auf einen erhöhten Verzehr von Sirtfoods achten.

Auch das 5/2-Intervallfasten bietet Ihnen die Möglichkeit der Kombination mit Sirtfoods. An den Fastentagen können Sie zum Beispiel zwei Sirt-Drinks in Ihre Tagesration aufnehmen. Dabei soll die Kaloriengrenze von 500 kcal berücksichtigt werden. An den restlichen fünf Tagen können Sie Gerichte mit vielen Sirt-Produkten verzehren. Die enthaltene Rezeptesammlung unterstützt Sie und bietet Ihnen viel Auswahl.

Achten Sie immer auf Ihren Körper und auf Ihr Wohlbefinden. Fühlen Sie sich gut? Dann ist alles gut! Versuchen Sie achtsam mit Ihrer Gesundheit und Ihrer Ernährung umzugehen. Die Achtsamkeit ermöglicht Ihnen ein besseres Körpergefühl und eine gesündere Lebensweise.

Die besten Tipps zur Sirtfood-Diät

Zu guter Letzt möchte ich Ihnen einige Tipps zur Sirtfood-Diät geben:

Auch wenn es am Anfang schwerfällt, halten Sie durch. Nach und nach werden Sie Ihrem Traumgewicht ein Stückchen näher sein. Es lohnt sich! Dank meiner Rezepte und meines Ernährungsplans haben Sie eine vielseitige Grundlage für Ihre Sirt-Ernährung. Experimentieren Sie gerne auch selbst. Aus vielen Sirtfood-Produkten lassen sich leckere Speisen zubereiten! Seien Sie kreativ! Wenn es mit der Gewichtsabnahme nicht so schnell geht, lassen Sie den Kopf nicht hängen. Jeder Körper ist unterschiedlich und reagiert auf die Ernährungsumstellung anders. Langsames Abnehmen bringt Sie zum Erfolg.
Essen Sie langsam und bewusst. Ihr Körper benötigt ein wenig Zeit, um das Sattwerden zu verinnerlichen und Ihnen das Signal des Sättigungsgefühls zu senden.

Behandeln Sie alle Lebensmittel schonend. Das heißt, dass Sie die Lebensmittel nicht zu lange lagern und kochen sollten. Sonst werden die wichtigen Nährstoffe zerstört. Wichtig ist, dass Sie sich an die niedrigen Temperaturen und Garzeiten halten, so bleiben die wichtigen Vitamine und Mineralstoffe erhalten.

Gesunde Ernährung hält Sie fit und noch vieles mehr. Dank der guten Inhaltsstoffe lassen sich die Falten und müde Haut einfach „wegessen". Die Sirtfood-Diät macht es möglich!

Heidelbeeren und Zitrusfrüchte enthalten viel Vitamin C, das Ihrer Haut eine schöne Spannkraft und Elastizität schenkt.

Brokkoli sorgt für einen frischen und gleichmäßigen Teint, indem er Entzündungen auf der Haut keine Chancen gibt.

Auch Tomaten wirken wahre Wunder gegen Hautalterung. Sie geben der Haut einen natürlichen UV-Schutz und beseitigen freie Radikale, die sich durch Rauchen und Stress in den Hautzellen ansammeln.

Bereits vor 2.000 Jahren wusste man die Powerkräfte des grünen Tees zu schätzen. Er verlangsamt Alterungsprozesse und bekämpft dank vieler gesunder Inhaltsstoffe freie Radikale.

Dunkle Schokolade (mind. 75 % Kakao) verbessert das Hautbild und gibt uns einen natürlichen UV-Schutz. Zudem wird die Durchblutung der Haut gefördert und sorgt so für ihre Elastizität.

Eins darf nicht fehlen: Die Basis unseres Lebens – das Wasser – ist das wichtigste Anti-Aging-Produkt. Nur wenn Sie ausreichend Wasser zu sich nehmen (mindestens zwei Liter am Tag), kann Ihr Stoffwechsel gut arbeiten und Ihre Haut optimal mit allen notwendigen Nährstoffen versorgen.

Ausreichender Sonnenschutz, regelmäßige Bewegung sowie genügend Schlaf sorgen für ein jugendliches und gesundes Aussehen. Lernen Sie, auf Ihren Körper zu hören. Ernähren Sie sich gesund, sorgen Sie für regelmäßige Bewegung und leben Sie positiv. Sie werden Ihre Ziele erreichen. Die Sirtfood-Diät kann Sie dabei unterstützen.

Frühstück

1. Pancakes mit Apfelkompott

20 min | 2 Portionen | 300 kcal | 12g Fett | 38g Kohlenhydrate | 8g Eiweiß

Zutaten:

- 2 EL fettarme Milch
- 1 TL Sonnenblumenöl
- 25 g Buchweizenmehl
- 1 EL Walnusskerne (gehackt)
- 25 g Typ-630-Dinkelmehl
- 1 mittelgroßes Ei
- 1 Zimtstange
- 3 kleingeschnittene Äpfel
- 2 Datteln (ohne Stein)
- 1/2 TL Backpulver
- Prise Salz
- 1 EL Saft einer Bio-Zitrone

Zubereitung:

1. Das Buchweizen- und das Dinkelmehl miteinander mischen und dann Backpulver, Ei, eine Prise Salz sowie die Milch hinzufügen. Verrühren Sie alles zu einem glatten Pancake-Teig und lassen Sie diesen dann für eine halbe Stunde stehen.
2. Nun die beiden Datteln kleinschneiden und zusammen mit der Zimtstange, dem Saft der Zitrone, den Äpfeln

sowie 50 ml Wasser mischen. Alles in einen Topf geben und bei mittlerer Hitzezufuhr rund 15 Minuten lang erhitzen. Fertig ist ihr Apfelkompott.

3. Nun backen Sie in einer Pfanne mit Sonnenblumenöl aus dem Teig 6 Pancakes aus. Braten Sie diese von beiden Seiten goldbraun an und genießen Sie sie mit dem selbstgemachten Apfelkompott.

2. Himbeer-Matcha-Joghurt

10 min | 2 Portionen | 235 kcal | 4g Fett | 41g Kohlenhydrate | 8g Eiweiß

Zutaten

- 300 g griechischer Joghurt (fettarm)
- 250 g Himbeeren
- 50 g Buchweizen (gepufft)
- 2 TL Kokosblütenzucker
- Saft und Schale von ½ Bio-Limette
- 1 TL Matcha-Pulver

Zubereitung:

1. Den Saft der Bio-Limette mit dem Kokosblütenzucker mischen und den griechischen Joghurt sowie das Matcha-Pulver hinzugeben. Dann noch die geriebene Schale der Limette hinzugeben.
2. Vermischen Sie nun die Limetten-Joghurt-Masse mit dem gepufften Buchweizen und füllen Sie es in zwei Dessertschälchen. Garnieren Sie mit den frischen Himbeeren.

3. Zimt-Buchweizen-Porridge mit Früchtekompott

15 min | 2 Portionen | 260 kcal | 1g Fett | 57g Kohlenhydrate | 5g Eiweiß

Zutaten

- 2 große Orangen
- Salz
- 2 EL Honig
- 1 TL Zimtpulver
- ½ Zimtstange
- 1 Stück Ingwer (ca. 1 cm)
- 70 g Buchweizenflocken

Zubereitung:

1. 500 ml Wasser zum Kochen bringen und darin die Buchweizenflocken mit dem Zimt sowie einer Prise Salz kochen. Zugedeckt bei mittlerer Hitzezufuhr rund 15 Minuten köcheln lassen.
2. Jetzt eine Orange halbieren und den Saft auspressen. Entfernen Sie dann die Schale und die weiße Haut der zweiten Orange und würfeln Sie alles ganz klein. Den Saft, der noch austritt, bitte auffangen.
3. Nun den Ingwer mit dem Saft der Orange, 1 EL Honig sowie der halben Zimtstange in einen Topf geben. Alles gut durchmischen und ungefähr 3 Minuten kochen. Nun die Orangenstückchen hinzugeben und weitere 2 Minuten lang einkochen lassen.
4. Den restlichen Honig zum Buchweizen-Porridge hinzugeben und alles in Schälchen füllen. Zum Schluss noch die warmen Orangen darübergeben und fertig ist Ihr veganes Power-Frühstück!

4. Basilikum-Lachs-Omelett

15 min | 1 Portionen | 387 kcal | 26g Fett | 4g Kohlenhydrate | 31g Eiweiß

Zutaten

- 10 g frischer, kleingehackter Rucola
- 2 mittelgroße Eier
- 120 g geräucherter Lachs
- 1 TL Olivenöl extra vergine
- 1 TL frischer Basilikum (fein gehackt)

Zubereitung:

1. Die Eier gut miteinander verquirlen. Nun den Rucola mit dem Räucherlachs sowie dem frischen Basilikum hinzugeben.
2. Das Olivenöl in einer Pfanne erwärmen und die Eiermasse hineingeben. Verteilen Sie die Mischung vorsichtig in der Pfanne und achten Sie darauf, dass nichts anbrennt. Sobald sich eine glatte Oberfläche bildet, die Hitze heruntersetzen und die Eiermasse stocken lassen.
3. Dann das Omelette zusammenklappen und genießen.

5. Walnuss-Apfel-Frühlingsquark

15 min | 2 Portionen | 230 kcal | 8g Fett | 17g Kohlenhydrate | 21g Eiweiß

Zutaten

- ½ Bio-Zitrone
- 6 mittelgroße Radieschen
- 25 g fein gehackte Walnusskerne
- 2 Frühlingszwiebeln
- 250 g Quark (fettarm)
- Pfeffer
- Prise Salz
- 4 EL gemischte Kräuter (Petersilie, Basilikum, Dill)
- 2 Äpfel
- Frische Kresse
- 2 Msp. Chiliflocken

Zubereitung:

1. Die Walnüsse goldbraun rösten, abkühlen lassen und dann grob hacken. Die Schale der Zitrone abreiben und den Saft auspressen. Vermischen Sie den Zitronensaft dann mit 50 ml Wasser.
2. Die Frühlingszwiebeln putzen, waschen und in feine Röllchen schneiden. Auch die Radieschen putzen und in feine Scheiben schneiden. Beides mit dem Magerquark und den frischen Kräutern verrühren. Rühren Sie evtl. noch 2 – 3 EL Wasser unter, falls die Konsistenz zu dickcremig ist. Dann noch mit Pfeffer, Chiliflocken und einer Prise Salz abschmecken. Auch die Zitronenschale hinzugeben.
3. Äpfel waschen, das Kerngehäuse entfernen und die Frucht in dünne Ringe hobeln. Die Apfelscheiben auf 2 Tellern anrichten und mit dem Zitronenwasser beträufeln.

4. Den Kräuter-Frühlingsquark über die Apfelscheiben legen und mit Kresse sowie den gerösteten Walnüssen garnieren.

6. Orientalisches Frühstück

15 min | 2 Portionen | 240 kcal | 19g Fett | 9g Kohlenhydrate | 9g Eiweiß

Zutaten

- ½ Bio-Zitrone
- 60 g Feta
- 1 EL Naturjoghurt
- 1 EL Olivenöl extra vergine
- 6 Walnusskerne
- 35 g glatte Petersilie
- Pfeffer, Salz
- ½ TL gemahlener Kreuzkümmel
- 1 kleine Bio-Gurke
- 3 kleine Bio-Strauchtomaten
- 1 kleine rote Küchenzwiebel
- 7 schwarze Oliven

Zubereitung:

1. Petersilie waschen und grob hacken. Auch die Zitrone waschen und die Schale abreiben. Die Walnüsse ebenfalls grob hacken und den Feta-Schafskäse grob zerbröckeln.
2. Feta und Walnüsse mit der Petersilie, der Zitronenschale, dem Naturjoghurt und dem Olivenöl mischen und mit der Küchenmaschine pürieren. Mit Kreuzkümmel, einer Prise Salz, ein wenig Zitronensaft und Pfeffer würzig abschmecken.
3. Bio-Gurke waschen und in dickere Scheiben schneiden.

4. Bio-Strauchtomaten ebenfalls waschen und quer in Scheiben aufschneiden. Auch die Küchenzwiebel schälen und in feine Ringe zerteilen.
5. Richten Sie das Gemüse auf zwei Tellern an und schmecken Sie nochmals kurz mit Salz und Pfeffer ab. Garnieren Sie nun mit den schwarzen Oliven und den Zwiebelringen und servieren Sie den Petersilien-Walnuss-Feta-Dip dazu. Genießen Sie dieses Frühstück mit einem kleinen Stück Vollkornbaguette oder einem Fladenbrot.

Smoothies

7. Grüner Sirtfood-Saft – Grundrezept

15 min | 1 Portionen | 113 kcal | 2g Fett | 16g Kohlenhydrate | 7g Eiweiß

Zutaten

- 1 Stange Staudensellerie – einschließlich der Blätter
- 75 g Grünkohl
- 30 g Rucola
- 5 g glatte, gehackte Petersilie
- 5 g Liebstöckelblätter (optional)
- ½ Apfel
- Saft einer halben unbehandelten Zitrone
- ½ gestrichener TL Matcha

Zubereitung:

1. Vermischen Sie zunächst einmal das grüne Blattgemüse miteinander und entsaften Sie alles.
   Info: Die einzelnen Entsafter unterscheiden sich in Ihrer Effektivität voneinander. Es kann also immer wieder mal sein, dass Überreste der Blätter übrigbleiben. Das Ziel ist

hier jedoch, ungefähr 50 Milliliter Saft aus dem Blattgemüse zu extrahieren.

2. Nun noch den halben Apfel und den Sellerie entsaften.
3. Die Bio-Zitrone schälen und ebenfalls in den Entsafter geben. Alternativ können Sie diese auch von Hand auspressen.
   Insgesamt sollten Sie nun insgesamt 250 Milliliter Saft haben, eventuell auch etwas mehr.
4. Geben Sie das Matcha-Pulver kurz vor dem Servieren in den fertigen Saft und rühren Sie mit einem Löffelchen oder einer Gabel kräftig um.
   Nach Belieben können Sie Ihren grünen Sirt-Smoothie noch mit klarem Wasser auffüllen.

8. Kokos-Smoothie

5 min | 1 Portionen | 405 kcal | 27g Fett | 23g Kohlenhydrate | 12g Eiweiß

Zutaten

- 6 Walnusshälften
- 20 g dunkle Schokolade (85 %)
- 100 g Kokosjoghurt
- 1 entkernte Medjool-Dattel
- 10 Erdbeeren
- 1 Handvoll Grünkohl (ohne Stiel)
- ½ TL Kurkumapulver
- 200 ml ungesüßte Mandelmilch
- 1 dünne Scheibe Chili

Zubereitung:

1. Geben Sie alle Zutaten in eine Küchenmaschine und verarbeiten Sie zu einem Smoothie.

9. Fruchtiger Bananen-Smoothie

5 min | 1 Portionen | 176 kcal | 7g Fett | 23g Kohlenhydrate | 3g Eiweiß

Zutaten

- 10 g Walnüsse
- 150 ml Wasser
- 70 g halbierte Erdbeeren
- 40 g Heidelbeeren
- 40 g Himbeeren
- 50 g geschnittene Banane

Zubereitung:

1. Alle Zutaten in einen Multi-Zerkleinerer geben und zu einem Smoothie verarbeiten.

10. Schokoladen-Beeren-Milch

5 min | 1 Portionen | 192 kcal | 7g Fett | 18g Kohlenhydrate | 11g Eiweiß

Zutaten

- 1 EL Kakao
- 200 ml fettarme Milch
- 150 g halbierte Erdbeeren
- 10 g entkernte Medjool-Datteln
- 10 g Walnüsse

Zubereitung:

1. Beginnen Sie damit, alle Zutaten mithilfe eines Mixers zu einem Smoothie zu verarbeiten.

11. Ingwer-Apfel-Smoothie

5 min | 1 Portionen | 171 kcal | 7g Fett | 23g Kohlenhydrate | 2g Eiweiß

Zutaten

- 10 Walnüsse
- 200 ml Wasser
- 1 entsteinte Medjool-Dattel
- 25 g geraspelte Karotte
- 90 g geschnittener Apfel
- 5 g geschnittener Ingwer
- ½ TL Kurkuma

Zubereitung:

1. Geben Sie alles in eine Küchenmaschine und pürieren Sie es zu einem Smoothie.

12. Red-Fruity-Smoothie

5-8 min | 2 Portionen | 145 kcal | 5g Fett | 21g Kohlenhydrate | 3g Eiweiß

Zutaten

- 100 g Himbeeren
- 200 g gehackter Radicchio
- 1 EL Kakao-Nibs
- 200 g Trauben
- 50 g Heidelbeeren

Zubereitung:

1. Geben Sie alle Zutaten in einen Shaker und geben Sie 250 ml Wasser darüber. Alles zu einem roten Smoothie pürieren und genießen.

13. Grüner Matcha-Smoothie

15 min | 2 Portionen | 80 kcal | 5g Fett | 19g Kohlenhydrate | 9g Eiweiß

Zutaten

- 500 ml ungesüßter Soja-Drink
- 1 Zimtstange
- 2 Sternanis
- 1 TL Matcha-Pulver

Zubereitung:

1. Sternanis mit der Zimtstange und dem Soja-Drink in einen Topf geben und alles 5 Minuten zugedeckt bei schwacher Hitzezufuhr kochen.
2. Von der Herdplatte nehmen und den Anis sowie die Zimtstange herausholen. Matcha-Pulver hinzugeben und den Smoothie mit einem Schneebesen schaumig schlagen. Bei Bedarf mit 1 TL Honig süßen!

14. Soja-Kurkuma-Smoothie

15 min | 2 Portionen | 135 kcal | 5g Fett | 11g Kohlenhydrate | 9g Eiweiß

Zutaten

- 1 Stückchen Ingwer (1 cm)
- 500 ml ungesüßter Soja-Drink
- ½ Vanilleschote
- 1 Stückchen Kurkuma (1 cm)
- 2 entsteinte Datteln

Zubereitung:

1. Kurkuma und Ingwer schälen und grob hacken. Vanilleschote der Länge nach aufschneiden und das Mark herauskratzen.
2. Alle Zutaten mit dem Soja-Drink mischen und in einem Topf erhitzen. Zugedeckt 5 Minuten kochen lassen.
3. Den Drink nun in einen Standmixer geben und mit den grob gehackten, entsteinten Datteln gut pürieren. Warm genießen.

15. Sirtfood-Nüsse

10 min | 250 Gramm | 394 kcal | 24g Fett | 35g Kohlenhydrate | 67g Eiweiß

Zutaten

- 1 TL Chilipulver
- 1 TL Paprikapulver
- 1 TL Oregano
- 1 TL getrockneter Thymian
- 250 g Erdnüsse (blanchiert)
- 1 TL Meersalz
- 1 EL Kokosöl

Zubereitung:

1. Vermischen Sie alle Zutaten miteinander. Geben Sie anschließend auf einem Backblech alles für 30 Minuten bei 160 Grad in den Ofen. Anschließend abkühlen lassen und in ein luftdichtes Gefäß füllen.
2. Die Nüsse sind dann bis zu mindestens zwei Tagen haltbar.

16. Buchweizen-Cracker

10 min | 40 Stück | 82 kcal | 4g Fett | 8g Kohlenhydrate | 2g Eiweiß

Zutaten

- 50 g Kürbiskerne
- 200 g Buchweizenmehl
- 1 EL Olivenöl extra vergine
- 50 g Sonnenblumenkerne
- 150 ml Wasser
- 35 g Sesamsamen

Zubereitung:

1. Alle Zutaten in eine Schüssel geben und vermengen. Für 30 Minuten mit Frischhaltefolie bedeckt stehen lassen.
2. Den Teig herausnehmen und kneten. Etwas Wasser hinzugeben, falls nötig. Den Teig auf einer Arbeitsfläche ausrollen, dass dieser ungefähr 2 mm dick ist. Aus dem Teig Cracker formen und für 20 Minuten bei 160 Grad im Ofen backen.
3. In einem luftdichten Gefäß sind die Cracker bis zu sieben Tage haltbar.

17. Auberginen-Schiffchen mit Nuss-Pesto

10 min | 1 Portionen | 433 kcal | 32g Fett | 15g Kohlenhydrate | 16g Eiweiß

Zutaten

- 1 EL Olivenöl
- 20 g Petersilie
- Saft von ¼ Bio-Zitrone
- 20 g Walnüsse
- 5 ml Balsamico-Essig
- 50 ml Wasser
- 70 g Rucola
- 20 g rote Zwiebeln (in Scheiben geschnitten)
- 5 ml Rotwein-Essig
- 100 g Cherry-Datteltomaten
- 1 Aubergine (geviertelt)
- 20 g Parmesan

Zubereitung:

1. Zuerst Walnüsse, Parmesan, Petersilie, Öl und die Hälfte des Zitronensaftes in einem Multi-Zerkleinerer pürieren. Wasser nach und nach hinzugeben und danach zur Seite stellen.
2. Anschließend die Aubergine mit etwas Pesto bestreichen und für 30 Minuten bei 200 Grad backen.
3. Währenddessen die Zwiebeln mit dem Essig bedecken und ziehen lassen. Vor dem Servieren den Essig abgießen. Zu den Zwiebeln nun Rucola und Tomaten rühren und mit dem restlichen Essig übergießen.
4. Das restliche Pesto auf der Aubergine verteilen und zusammen mit dem Tomaten-Rucola-Salat servieren.

18. Selleriestange mit Bohnen-Dip

15 min | 4 Portionen | 525 kcal | 22g Fett | 56g Kohlenhydrate | 21g Eiweiß

Zutaten

- 2 EL braune Misopaste
- 800 g Limabohnen (Dose, abgetropft)
- Saft und abgeriebene Schale von ½ Bio-Zitrone
- 3 EL Olivenöl extra vergine
- 1 zerdrückte Knoblauchzehe
- 4 Frühlingszwiebeln (in Ringe geschnitten)
- ¼ gehackte Chili
- Selleriestangen

Zubereitung:

1. Bis auf die Selleriestangen alle Zutaten mithilfe eines Stampfers zerdrücken.
2. Selleriestangen zusammen mit dem Dip servieren.

19. Rucola-Lachstatar

15 min | 1 Portionen | 548 kcal | 40g Fett | 8g Kohlenhydrate | 34g Eiweiß

Zutaten

- 125 g gewürfelter Lachs (ohne Haut und Gräten)
- Saft von ¼ Bio-Zitrone
- 20 g gehackte rote Zwiebeln
- 1 EL gehackte Petersilie
- 1 TL gehackte Kapern
- 1 TL Olivenöl extra vergine

Für den Salat:

- 1 TL Olivenöl
- 40 g Rucola
- 6 gehackte Walnusshälften
- 40 g Stangensellerie (in Scheiben geschnitten)
- 1 TL Balsamico-Essig

Zubereitung:

1. Zwiebeln mit Lachs und Kapern vermengen. Geben Sie nun Petersilie, Olivenöl, Pfeffer und Salz hinzu und vermischen alles gründlich.
2. Vermengen Sie alle Zutaten für den Salat miteinander. Richten Sie den Lachs darauf an und beträufeln alles mit dem Zitronensaft. Wichtig ist hier, dass der Zitronensaft erst kurz vor dem Servieren darüber geträufelt wird, sonst wird der Gärungsprozess angeregt.

20. Bohnen-Zwiebel-Salat

10 min | 1 Portionen | 438 kcal | 26g Fett | 31g Kohlenhydrate | 16g Eiweiß

Zutaten

- 20 g rote Zwiebeln (in Ringe geschnitten)
- 50 g weiße Bohnen (Dose, abgetropft)
- 1 TL Weißweinessig
- 150 g grüne Bohnen
- 25 g Schafskäse
- 6 gehackte Walnusshälften
- 25 g Rucola
- 1 TL Kapern
- 2 TL Olivenöl extra vergine
- 1 TL gehackter Schnittlauch
- 1 TL gehackte Petersilie
- 100 g gewürfelte Kirschtomaten

Zubereitung:

1. Die Zwiebelringe im Essig einweichen. Die grünen Bohnen für sechs Minuten in kochendem Wasser köcheln lassen, abgießen und zur Seite stellen.
2. Die Bohnen mit Kräutern, Tomatenstückchen, Kapern, Öl und Walnüssen verrühren. Die Essig-Zwiebel-Mischung darüber geben und vermengen. Alles mit dem Rucola und dem Schafskäse auf Tellern anrichten und servieren.

21. Nussbutter-Snack

10 min	350 Gramm	278 kcal	23g Fett	3g Kohlenhydrate	6g Eiweiß

Zutaten

- 1 TL Wasser
- 350 g zerkleinerte Walnüsse (gemahlen)
- 2 TL Olivenöl extra vergine

Zubereitung:

1. Die Walnüsse in eine Küchenmaschine geben und nach und nach mit Öl und Wasser auffüllen. Alles fein mahlen bis eine geschmeidige Masse entsteht.
2. Die Nussbutter lässt sich im Kühlschrank bis zu 1 Woche aufbewahren.

22. Schokoladen-Beeren-Joghurt

10 min	1 Portionen	483 kcal	36g Fett	23g Kohlenhydrate	11g Eiweiß

Zutaten

- 10 g geraspelte dunkle Schokolade
- 125 g Beeren (Heidelbeeren, Himbeeren)
- 25 g gehackte Walnüsse
- 150 g griechischer Joghurt

Zubereitung:

1. Geben Sie die Beerenmischung in eine Schüssel und garnieren den Joghurt darüber. Zum Schluss Walnüsse und Schokolade darüber streuen und servieren.

23. Pralinen nach Sirtfood-Art

10 min | 15-20 Portionen | 84 kcal | 4g Fett | 8g Kohlenhydrate | 1g Eiweiß

Zutaten

- 1 EL Olivenöl
- 120 g Walnüsse
- 1 EL Kakaopulver
- 30 g Kakaonibs
- 1 EL Kurkumapulver
- 1 TL Vanilleextrakt
- 250 g entkernte Medjool-Datteln
- 2 EL Wasser

Zubereitung:

1. Kakaonibs mit Walnüssen in einer Küchenmaschine zermahlen.
2. Die restlichen Zutaten hinzufügen. Mit den Händen Kugeln formen und nach Belieben mit Kokosraspeln bestreuen.
3. In einem luftdichten Behälter für eine Stunde kühl stellen.

24. Sirtfood-Cracker mit Dip

10 min	1 Portionen	494 kcal	40g Fett	3g Kohlenhydrate	25g Eiweiß

Zutaten

- 1 TL Olivenöl extra vergine
- ½ entkernte Avocado
- 20 g gewürfelte rote Zwiebeln
- Saft von ¼ Bio-Zitrone
- 20 g gewürfelter Stangesellerie
- 10 g gehackter Rucola
- 100 g gewürfelte, gegarte Hühnchenbrust
- 3 Buchweizencracker

Zubereitung:

1. Die Avocado zerdrücken. Zitronensaft, Zwiebeln, Olivenöl und Sellerie hinzugeben und alles miteinander vermengen.
2. Das Hähnchenfleisch untermengen und die Mischung auf den Buchweizencrackern verteilen. Rucola darüber streuen und servieren.

25. Curry-Puten-Wraps

15 min | 2 Portionen | 395 kcal | 17g Fett | 45g Kohlenhydrate | 14g Eiweiß

Zutaten

- 1 Stückchen Ingwer
- 1 kleines Romana-Salatherz
- 60 g Cashewkerne
- Schwarzer Pfeffer
- Salz
- 1 EL Currypulver
- 1 TL Saft einer Bio-Zitrone
- 1 kleiner Apfel
- 70 g Bio-Putenbrustaufschnitt
- 2 Weizentortillas

Zubereitung:

1. Cashewkerne über Nacht in 250 ml Wasser gut einweichen lassen. Am Morgen abgießen und kalt abwaschen. Ingwer schälen, schneiden und mit dem Currypulver, den Cashews und 5 EL Wasser im Multi-Zerkleinerer zu einer feinen Creme pürieren. Mit Pfeffer und Salz würzen.
2. Romana-Salatherz waschen und in Streifen schneiden. Apfel vierteln, das Kerngehäuse entfernen und in kleine Würfel schneiden. Vermischen Sie dann den Apfel mit dem Zitronensaft.
3. Putenbrustaufschnitt in Streifen schneiden.
4. Die Weizentortillas mit der Curry-Cashew-Creme bestreichen. Putenbrust- und Salatstreifen sowie die Apfelwürfel darauf verteilen und noch leicht nachwürzen.

5. Daraus nun straff zwei Wraps rollen und an einem Ende mit feinem Pergamentpapier umwickeln. So kann nichts aus dem Wrap herausfallen.

26. Hühnerbrust mit grünem Pesto und Zwiebel-Salat

15 min | 1 Portionen | 484 kcal | 29g Fett | 7g Kohlenhydrate | 43g Eiweiß

Zutaten

- 15 g Parmesan
- 15 g Petersilie
- Saft von ½ Bio-Zitrone
- 100 g halbierte Cherrytomaten
- 50 ml Wasser
- 35 g Rucola
- 150 g Hühnerbrust
- 1 TL Rotweinessig
- 20 g rote Zwiebeln (in Scheiben geschnitten)
- 1 TL Olivenöl
- 15 g Walnüsse

Zubereitung:

1. Für das Pesto zuerst Olivenöl, Parmesan, Walnüsse, die Hälfte des Zitronensafts und etwas Wasser mithilfe einer Küchenmaschine pürieren. Nach und nach immer wieder Wasser hinzugeben, bis die passende Konsistenz erreicht ist.
2. Bestreichen Sie das Fleisch mit dem Pesto und dem restlichen Zitronensaft und lassen alles für 30 Minuten im Kühlschrank ziehen.
3. Anschließend das Hähnchenfleisch in eine ofenfeste Pfanne geben und auf mittlerer Stufe kurz braten. Danach für acht Minuten bei 200 Grad im Ofen backen.

4. In der Zwischenzeit die Zwiebeln für zehn Minuten im Essig einlegen.
5. Wenn das Hähnchenfleisch gar ist, nochmals mit etwas Pesto bestreichen und in Alu-Folie einwickeln.
6. Rucola, Rotweinessig und Tomaten miteinander vermengen und auf Tellern anrichten. Das Fleisch mit dem Salat servieren.

27. Chili-con-Carne nach Sirtfood Art

25 min | 4 Portionen | 600 kcal | 28g Fett | 50g Kohlenhydrate | 26g Eiweiß

Zutaten

- 1 geschnittene rote Paprika
- 1 EL Olivenöl
- 1 EL Kurkumapulver
- 3 gehackte Knoblauchzehen
- 400 g mageres Rinderhackfleisch
- 2 gehackte Chilis
- 150 ml Rotwein
- 1 gehackte rote Zwiebel
- 1 EL Kreuzkümmel
- 150 g Kidneybohnen (Dose)
- 1 EL Tomatenmark
- 800 g Tomaten aus der Dose
- 5 g gehackte Petersilie
- 160 g Buchweizen
- 1 EL Kakaopulver
- 300 ml Rinderbrühe
- 5 g gehackter Koriander

Zubereitung:

1. Öl in einem Topf erhitzen und Knoblauch, Chili und Zwiebeln andünsten. Gewürze hinzugeben und alles

mitbraten. Hackfleisch hinzugeben und für drei Minuten braten. Alles mit dem Rotwein ablöschen und einkochen. Die Flüssigkeit sollte sich auf die Hälfte reduzieren.

2. Tomatenmark, Paprikastücke, Brühe, Kakaopulver und Kidneybohnen in den Topf geben und mitköcheln lassen. Falls nötig, etwas Wasser hinzugeben.
3. Währenddessen den Buchweizen nach Anleitung kochen.
4. Chili-con-Carne auf Tellern anrichten, mit Kräutern bestreuen und mit Buchweizen servieren.

28. Rinderfilet mit Selleriestampf & Brombeersoße

35 min | 2 Portionen | 360 kcal | 13g Fett | 17g Kohlenhydrate | 26g Eiweiß

Zutaten

- 100 g festkochende Kartoffeln
- 300 g Knollensellerie
- 200 g Bio-Rinderfiletsteak
- 1 EL Olivenöl
- 130 ml Rotwein
- 2 EL Portwein
- 1 EL Rotweinessig
- 1 Zimtstange
- 1 TL Rohrzucker
- 1 Rosmarinzweig
- 100 ml Rinderbrühe
- 130 g Brombeeren
- 3 EL Vollmilch
- 1 TL Butter

Zubereitung:

1. Sellerie und Kartoffeln schälen, würfeln und 25 Minuten in Salzwasser kochen.

2. Olivenöl in einer Pfanne erhitzen und das Rinderfiletsteak von beiden Seiten gut anbraten. Pfeffern, salzen und dann im heißen Backofen auf der mittleren Schiene 10 Minuten fertiggaren.
3. Dann in Alufolie wickeln und im ausgeschalteten Backofen 5 Minuten ruhen lassen.
4. Rotweinessig, Rohrzucker, Port- und Rotwein zusammen mit dem Rosmarin und der Zimtstange in einem Topf bei starker Hitze einkochen. Dann Rosmarinzweig und Zimtstange herausnehmen, Rinderbrühe hinzugeben und alles bei mittlerer Hitzezufuhr auf ca. 125 ml einkochen lassen. Salzen und pfeffern.
5. Brombeeren waschen und in die Soße hineingeben. 3 Minuten leicht köcheln.
6. Kartoffeln und Sellerie abgießen und mit der Butter und der Milch zu einem Stampf pürieren. Nach Belieben würzen.
7. Das Rindfleisch in Scheiben schneiden und mit der Brombeersoße und dem Stampf servieren.

29. Soba-Nudeln mit Rinderhackfleisch

25 min · 2 Portionen · 455 kcal · 21g Fett · 42g Kohlenhydrate · 24g Eiweiß

Zutaten

- 100 g Soba-Nudeln
- 1 große Karotte
- 2 Stangen Staudensellerie
- 80 g Mungbohnen-Sprossen
- 2 Frühlingszwiebeln
- 120 g fettreduziertes Rinderhackfleisch
- 3 EL Sojasoße
- Saft einer halben Bio-Limette
- ¼ TL Rohrzucker
- 1 rote Chilischote
- 2 EL Olivenöl
- 1 mittelgroßes Ingwerstückchen (2cm)
- 1 Knoblauchzehe

Zubereitung:

1. Soba-Nudeln nach Packungsanleitung garen, abgießen und beiseite stellen.
2. Karotte schälen, der Länge nach halbieren und in schräge Scheiben schneiden.
3. Sellerie putzen und ebenfalls in schräge Scheiben schneiden. Bohnen-Sprossen abbrausen und abtropfen. Ingwer und Knoblauch schälen, fein hacken.
4. Frühlingszwiebeln putzen, den grünen vom weißen Teil trennen und in Ringe schneiden.
5. Chilischote putzen, entkernen und fein hacken.
6. Im Wok Olivenöl erhitzen, das Hackfleisch und den Knoblauch darin bei starker Hitze krümelig anbraten. Weiße Zwiebelröllchen, Chili, Sellerie, Karotte und Ingwer

in den Wok hinzugeben und 3 Minuten anbraten. Alles mit Limettensaft, Rohrzucker, 100 ml Wasser und Sojasoße ablöschen. Alles weitere 5 Minuten lang garen, bis die Flüssigkeit fast verdampft ist.

7. Die Bohnensprossen, das Hackfleisch und die Soba-Nudeln untermischen und unter stetigem Rühren 2 Minuten braten. Salzen und mit dem Zwiebelgrün garnieren.

30. Geschmortes Lamm mit grünen Bohnen

15 min · 2 Portionen · 445 kcal · 29g Fett · 21g Kohlenhydrate · 24g Eiweiß

Zutaten

- 250 g Lammkeule
- 1 große Karotte
- 2 Küchenzwiebeln
- 1 Knoblauchzehe
- ½ TL Kurkumapulver
- ½ TL Paprikapulver edelsüß
- 2 Msp. Chilipulver
- 1 TL gemahlener Kümmel
- Saft einer Bio-Zitrone
- ½ Bund Petersilie
- ½ Bund Koriander
- 250 g grüne Bohnen
- 2 EL Olivenöl
- 200 ml Rinder- oder Lammfond
- 4 entsteinte Datteln

Zubereitung:

1. Lammfleisch von Haut und Fett befreien und klein würfeln. Knoblauch und Zwiebeln schälen, ebenfalls fein

würfeln. Alles mit den Gewürzen, dem Olivenöl und dem Zitronensaft in einer Küchenschüssel mischen.

2. Petersilie und Koriander waschen und samt Stielen klein schneiden. Ebenfalls mit der Marinade und dem Fleisch mischen.
3. Zugedeckt 6 Stunden in den Kühlschrank stellen.
4. Bohnen und Karotte putzen und 4 cm lange Teile schneiden. Das Gemüse mit dem Fleisch und der Marinade in einen feuerfesten Schmortopf geben und mit Pfeffer und Salz würzen.
5. Zugedeckt im Ofen 90 Minuten bei 180 Grad garen. 15 Minuten vor Ende der Garzeit die Datteln längs vierteln und unter das Fleisch mischen.

31. Caesar Geflügel-Grünkohl-Salat

20 min | 2 Portionen | 435 kcal | 29g Fett | 17g Kohlenhydrate | 26g Eiweiß

Zutaten

- 50 g Cashewkerne
- 350 g Grünkohlblätter
- 2 EL Saft einer Bio-Zitrone
- 1 Knoblauchzehe
- 3 Thymianzweige
- 3 Stangen Staudensellerie
- 1 Apfel
- ¾ TL mittelscharfer Senf
- 2 EL Parmesan
- 2 EL Olivenöl
- 2 Spritzer Sojasoße
- 100 g Bio-Hähnchenbrustfilet

Zubereitung:

1. Cashews über Nacht in Wasser einweichen.

2. Grünkohl waschen, in mundgerechte Stücke zupfen und mit 1 EL Zitronensaft, Pfeffer und Salz verkneten. 1 Stunde ziehen lassen.
3. Cashewkerne abgießen, kalt abbrausen. Knoblauch schälen, grob hacken. Thymian waschen, zupfen. Alles zusammen mit 1 EL Olivenöl, dem Senf, 1 EL Parmesan und 5 EL Wasser in einem Multi-Zerkleinerer zu einer cremigen Soße pürieren. Evtl. noch Wasser hinzugeben. Pfeffern, salzen und noch mit je einem Spritzer Sojasoße und Zitronensaft würzen. Nun noch den Parmesan untermischen.
4. Staudensellerie putzen und in Scheiben schneiden. Apfel waschen, vierteln, Kerngehäuse entfernen und klein schneiden. Beides mit dem restlichen Zitronensaft mischen und mit dem Cashew-Dressing unter den Grünkohl heben.
5. Bio-Hähnchenbrustfilet in kleine Würfel schneiden und in der Pfanne mit 1 EL Olivenöl gut anbraten. Würzen und noch warm auf den Grünkohlsalat geben.

32. Vietnamesisches Pho-Bo nach Sirt-Art

35 min | 2 Portionen | 285 kcal | 6g Fett | 34g Kohlenhydrate | 23g Eiweiß

Zutaten

- 800 ml Rinderbrühe
- 1 Ingwerstück
- 2 Sternanis
- 70 g Soba-Nudeln
- 2 kleine Chilischoten, rot
- 120 g Bio-Rinderfilet
- 6 Shiitake-Pilze
- 80 g Sojasprossen
- ½ Bio-Limette
- 2 EL Sojasoße
- 3 EL gehackte Petersilie
- 2 Frühlingszwiebeln

Zubereitung:

1. Rinderbrühe in einen Topf geben, Ingwer schälen und in Scheiben schneiden. Eine Chilischote mit dem Ingwer und dem Sternanis in die Brühe geben, aufkochen und bei schwacher Hitze 30 Minuten köcheln.
2. Soba-Nudeln nach Packungsanleitung zubereiten, dann abgießen und abtropfen.
3. Bio-Rinderfilet hauchdünn in Scheiben schneiden. Pilze von den Stielen befreien und auch die Pilzköpfe in Scheiben schneiden. Sojasprossen kalt abbrausen, Frühlingszwiebeln samt dem Grün in feine Röllchen schneiden. Die zweite Chilischote halbieren, entkernen und in feine Streifen schneiden.
4. Chilischote, Ingwer und Sternanis aus der Brühe holen und die Sirt-Brühe mit Sojasoße abschmecken. Pilze

hineingeben, 2 Minuten garen und dann das Fleisch, die Sojasprossen und die Soba-Nudeln hinzugeben. 5 Minuten ziehen lassen.

5. Die Sirt Pho-Bo-Suppe nun in Schälchen geben und mit frischer Petersilie, Chilistreifen und Zwiebelröllchen garnieren. Mit der halben Limette nach Wunsch noch beträufeln.

Vegetarische Hauptgerichte

33. Zucchini-Chili-Tortilla

15 min | 2 Portionen | 320 kcal | 26g Fett | 5g Kohlenhydrate | 15g Eiweiß

Zutaten

- 4 Bio-Eier
- 2 Msp. Chiliflocken
- 2 Zucchini
- 1 rote Paprika
- 1 kleine rote Küchenzwiebel
- 7 entsteinte schwarze Oliven
- 2 Thymianzweige
- 2 EL Olivenöl

Zubereitung:

1. Eier mit dem Schneebesen schaumig verrühren und mit Pfeffer, Salz und Chiliflocken würzen.
2. Zucchini und Paprika putzen, längs aufschneiden und beides fein würfeln. Auch die Zwiebel schälen, halbieren und in Scheiben schneiden.
3. Oliven in Ringe schneiden.
4. Thymianzweige waschen, Blätter abzupfen und fein hacken.

5. Das Olivenöl in einer Pfanne erhitzen, die Zwiebel und das Gemüse darin 4 Minuten bei starker Hitze anbraten. Pfeffern, salzen und dann den Thymian sowie die Oliven hinzugeben. Kurz durchrühren.
6. Die verquirlten Eier darüber gießen und 15 Minuten stocken lassen.

34. Sellerie-Walnuss-Salat mit feiner Apfelnote

15 min | 2 Portionen | 195 kcal | 13g Fett | 13g Kohlenhydrate | 5g Eiweiß

Zutaten

- 2 Stangen Staudensellerie
- 200 g Knollensellerie
- 1 kleiner roter Apfel
- 3 EL Saft einer Bio-Zitrone
- 30 g blaue Trauben
- 60 g saure Sahne
- 1 TL mittelscharfer Senf
- 45 g Walnusskerne
- Pfeffer & Salz

Zubereitung:

1. Staudensellerie putzen und die Blätter beiseitelegen. Die Stangen in dünne Scheiben schneiden.
   Sellerieknolle schälen und grob raspeln. Apfel vierteln, Kerngehäuse entfernen und ganz klein stückeln. Sellerie und Apfelstücke zusammen mit 2 EL Zitronensaft mischen und mit den Fingern ordentlich durchkneten.
2. Trauben waschen. Den Senf mit der sauren Sahne und dem restlichen Zitronensaft glattrühren, pfeffern, salzen und mit den Trauben unter den Sellerie-Apfel-Salat mischen.

3. Sellerieblätter in Streifen schneiden und ebenfalls untermengen und den Salat 30 Minuten durchziehen lassen.
4. Walnusskerne ganz fettfrei in einer Pfanne rösten und grob hacken. Diese ebenfalls über den Salat geben und nach Wunsch noch mit Pfeffer, Zitronensaft und Salz nachwürzen.

35. Italienischer Grünkohleintopf

15 min · 2 Portionen · 220 kcal · 11g Fett · 22g Kohlenhydrate · 9g Eiweiß

Zutaten

- 300 g Grünkohl
- 2 Stangen Staudensellerie
- 1 Küchenzwiebel
- 1 Karotte
- 2 Knoblauchzehen
- 6 Thymianzweige
- 2 EL Olivenöl
- 1 EL Tomatenmark
- Salz, Pfeffer
- 240 g abgetropfte weiße Bohnen aus der Dose

Zubereitung:

1. Grünkohlblätter von den dicken Stielen befreien und in 1 cm breite Streifen schneiden. Karotte schälen, Sellerie waschen und ebenfalls klein stückeln.
2. Den Knoblauch und die Küchenzwiebel schälen und fein würfeln. Thymian waschen.
3. In einem Suppentopf das Olivenöl erhitzen und darin die Küchenzwiebel, den Knoblauch, den Sellerie und die Karotte unter stetigem Rühren dünsten. Tomatenmark

hinzugeben, mitrösten und dann mit 500 ml Wasser ablöschen.

4. Thymian und Grünkohlblätter hinzugeben und mit Pfeffer und Salz würzen. Alles zugedeckt bei schwacher Hitze 35 Minuten garen.
5. Gegen Ende der Garzeit die abgetropften Bohnen in den Eintopf geben. Fangen Sie das Bohnenwasser dabei auf und garen Sie es 10 Minuten mit. Thymianzweig herausholen.
6. Nun eine Schöpfkelle Eintopf herausnehmen, mit dem Pürierstab kräftig durchpürieren und wieder in den Eintopf rühren. Damit dicken Sie den Eintopf ein wenig an.

36. Kichererbsen mit Schwarzkohl und Tomaten

15 min | 2 Portionen | 205 kcal | 8g Fett | 25g Kohlenhydrate | 11g Eiweiß

Zutaten

- 250 g Schwarzkohl
- 1 Knoblauchzehe
- 1 Ingwerstück – 2 cm
- 1 Küchenzwiebel
- 200 g gestückte Tomaten (Dose)
- 1 EL Olivenöl
- Pfeffer, Salz
- 3 EL frische Petersilie
- 80 g fettarmer Naturjoghurt
- 250 g abgetropfte Kichererbsen aus der Dose
- 2 EL scharfes Currypulver

Zubereitung:

1. Schwarzkohlblätter von den dicken Stielen befreien und in 1 cm breite Streifen schneiden. Knoblauch, Ingwer und Küchenzwiebel schälen und alles klein würfeln.
2. Olivenöl in einem Topf erhitzen und darin Knoblauch und Küchenzwiebel goldbraun dünsten. Schwarzkohl, Currypulver und Ingwer hinzugeben und weitere 2 Minuten dünsten. Dann die gestückten Tomaten unterrühren und nach Belieben pfeffern und salzen. Zugedeckt 25 Minuten garen.
3. Abgetropfte Kichererbsen in das Curry mischen und 10 Minuten mit garen. Zum Schluss den Naturjoghurt darauf geben und die frische gehackte Petersilie darüber streuen.

37. Pellkartoffeln mit Kurkuma-Ingwer-Spinat

20 min | 2 Portionen | 200 kcal | 11g Fett | 17g Kohlenhydrate | 7g Eiweiß

Zutaten

- 200 g Pellkartoffeln (5-6 Stück)
- 1 große Küchenzwiebel
- 1 Knoblauchzehe
- 1 Ingwerstück – 2 cm
- 2 EL Olivenöl
- 250 g tiefgekühlter Blattspinat
- Pfeffer, Salz
- 1 TL Kurkumapulver
- 2 Msp. Chiliflocken
- 100 g fettarmer Naturjoghurt
- ½ TL gemahlener Kreuzkümmel

Zubereitung:

1. Kartoffeln halbieren. Zwiebel schälen und in dünne Ringe schneiden. Ingwer und Knoblauch schälen und fein hacken.
2. 1 EL Olivenöl erhitzen und darin den Ingwer und den Knoblauch andünsten. Den TK-Blattspinat hinzugeben, pfeffern, salzen und zugedeckt 5 Minuten garen.
3. Das übrige Olivenöl in einer Pfanne erhitzen und darin die Zwiebel goldgelb dünsten. Die Kartoffelhälften hinzufügen und mit Kurkumapulver, Pfeffer, Salz und Kreuzkümmel würzen. Alles bei mittlerer Hitzezufuhr rund 6 Minuten knusprig anbraten.
4. Den Naturjoghurt noch leicht mit Pfeffer und Salz würzen und die Chiliflocken hineingeben. Gut durchmischen und den Joghurt als Dip zu den Spinat-Kartoffeln reichen.

Vegane Hauptgerichte

38. Gemüse-Rohkoststicks mit Edamamebohnen-Dip

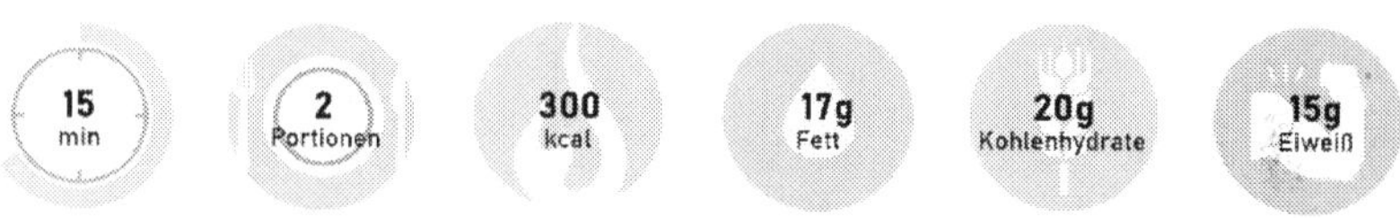

Zutaten

- 2 Frühlingszwiebeln und 1 Ingwerstück
- 1 EL Olivenöl
- 185 ml Gemüsebrühe
- 1 TL Currypulver
- 1 Knoblauchzehe
- 150 g Edamame-Bohnen, tiefgekühlt
- 400 g gemischtes Rohkost-Gemüse (Gurke, Karotte, Staudensellerie, Paprika)
- Zitronensaft einer Bio-Zitrone, Pfeffer, Salz

Zubereitung:

1. Frühlingszwiebeln putzen und den weißen vom grünen Teil trennen: Beides in feine Röllchen schneiden.
2. Ingwer und Knoblauch schälen, fein würfeln.
3. In einem Topf das Olivenöl erhitzen und darin den Knoblauch und die weißen Zwiebelröllchen andünsten. Dann die Edamame-Bohnen, die Gemüsebrühe und den Ingwer hinzugeben. Alles zugedeckt 10 Minuten kochen.
4. Gegen Ende der Garzeit mit Pfeffer, Salz und dem Currypulver würzen
5. Topf von der Herstelle nehmen und abkühlen lassen.
6. Das ganze Gemüse putzen, evtl. schälen und in Sticks schneiden.
7. Abgekühlte Edamame mitsamt der Garflüssigkeit mit dem Pürierstab pürieren. Zum Schluss noch mit Pfeffer, Salz und dem Zitronensaft würzen.
8. Am Ende den Edamame-Dip mit den grünen Zwiebelröllchen garnieren und mit den Gemüsesticks servieren.

39. Vegane Kaffee-Schokoladenmilch

5 min | 1 Portionen | 322 kcal | 18g Fett | 31g Kohlenhydrate | 4g Eiweiß

Zutaten

- 50 vegane Schokolade (mind. 70 %)
- 1 TL Dattelsirup
- 250 ml ungesüßte Mandelmilch
- 1 TL lösliches Kaffeepulver

Zubereitung:

1. Geben Sie alle Zutaten in einen Topf und kochen alles kurz auf. Die Temperatur anschließend herunterdrehen, bis die Schokolade geschmolzen ist.
2. Nun alles in ein Glas füllen und genießen.

40. Salsa-Verde mit Kohlrabi

20 min | 2 Portionen | 370 kcal | 28g Fett | 13g Kohlenhydrate | 17g Eiweiß

Zutaten

- 1 Toastbrotscheibe
- 2 Sardellenfilets in Salzlake
- 20 g frisches Basilikum
- 10 g Petersilie
- 25 g Rucola
- 2 EL Zitronensaft einer Bio-Zitrone
- 1 TL Senf
- 4 EL Olivenöl
- Pfeffer, Salz
- 2 mittelgroße Kohlrabi
- 165 g geräucherter Tofu

Zubereitung:

1. Toastscheibe zerzupfen und in einen hohen Mixbecher geben. Hier noch 2 EL Wasser und den Zitronensaft hinzugeben.
2. Sardellenfilets fein zerschneiden.
3. Rucola und die Kräuter waschen, fein hacken und zusammen mit den Sardellen, dem Senf und dem Olivenöl in den Mixbecher geben. Alles mit dem Pürierstab fein durchmixen und nach Belieben mit Pfeffer und Salz abschmecken.
4. Kohlrabi schälen und in feine Scheiben hobeln. Fächerartig auf zwei Tellern auslegen, leicht salzen und pfeffern. Dann den geräucherten Tofu schneiden und auf den Kohlrabi-Scheiben verteilen. Mit der Salsa-Verde zum Schluss noch beträufeln.

41. Bulgur-Brokkoli-Taboulé

25 min | 2 Portionen | 310 kcal | 16g Fett | 30g Kohlenhydrate | 9g Eiweiß

Zutaten

- 55 g Buchweizen-Bulgur
- 300 g Brokkoli
- 1 gelbe Paprika
- 80 g blaue Trauben
- 1 TL Meersalz
- 3 EL Olivenöl
- ½ Bund gehakte Petersilie
- Saft einer Bio-Zitrone
- Pfeffer
- 1,5 Msp. Chiliflocken

Zubereitung:

1. Buchweizen-Bulgur in einem Topf mit 400 ml Salzwasser 3 Minuten kochen, dann auf niedrigster Stufe noch 20 Minuten ausquellen lassen.
2. Anschließend den Brokkoli waschen und in ganz kleine Stückchen zerteilen. Die Paprika halbieren, putzen und ebenfalls klein würfeln. Die Trauben waschen, halbieren und nach Wunsch entkernen.
3. Nun die Petersilie grob hacken.
4. Bulgur abgießen. Den Saft der Zitrone mit dem Olivenöl verrühren und mit allen anderen Zutaten mischen. Den Salat noch scharf mit Pfeffer, Chiliflocken und Salz abschmecken.
5. 15 Minuten ziehen lassen, dann nochmals durchrühren und nach Belieben noch mit Zitronensaft würzen.

42. Sellerie-Linsensalat mit Curry

15 min | 2 Portionen | 265 kcal | 6g Fett | 36g Kohlenhydrate | 15g Eiweiß

Zutaten

- 1 Ingwerstück
- 120 g rote Linsen
- 3 Stangen Staudensellerie
- 2 EL Sherry-Essig
- 3 Frühlingszwiebeln
- Saft einer Bio-Orange
- 1 TL Currypulver
- 1 EL Olivenöl

Zubereitung:

1. Ingwer schälen, fein würfeln. Einen halben Liter Wasser aufkochen und die Linsen, ½ TL Currypulver sowie den Ingwer hineingeben. Zugedeckt 10 Minuten bissfest garen und gegen Ende der Garzeit salzen. Anschließend abgießen und abtropfen lassen.
2. Staudensellerie putzen, die Blätter in feine Streifen schneiden und die Stangen in sehr dünne Scheiben zerteilen. Frühlingszwiebeln putzen, in Röllchen schneiden und den weißen Teil vom grünen trennen.
3. Aus dem Orangensaft, dem Sherry-Essig, dem Olivenöl und dem restlichen Currypulver das Dressing zubereiten.
4. Die Linsen nun mit dem Sellerie, den Sellerieblättern, den weißen Zwiebelröllchen und dem Dressing vermischen. Eine halbe Stunde ziehen lassen.
5. Zum Schluss noch mit den grünen Zwiebelröllchen garnieren.

43. Sirt-Kichererbsen-Salat

15 min | 2 Portionen | 230 kcal | 17g Fett | 12g Kohlenhydrate | 5g Eiweiß

Zutaten

- 1 TL Ahornsirup
- 1 Bio-Zitrone
- ½ TL gemahlener Kümmel
- 3 EL Olivenöl
- 3 Stangen Staudensellerie
- 150 g abgetropfte Kichererbsen
- 150 g Rucola
- ½ Bund gehackte Petersilie
- 2 Frühlingszwiebeln

Zubereitung:

1. Zitronenschale abreiben und Saft auspressen: Dann die Schale mit 4 EL des Saftes, 4 EL Wasser, dem Kümmel sowie dem Ahornsirup verrühren. Salzen und pfeffern und dann noch das Olivenöl untermengen.
2. Das Selleriegrün herunterzupfen und beiseite stellen. Die Stangen der Länge nach halbieren und in kleine Stücke schneiden. Kichererbsen abgießen, abbrausen und abtropfen.
3. Oliven in Ringe schneiden.
4. Kichererbsen und Oliven mit dem Sellerie und dem Zitronendressing mischen. 30 Minuten ziehen lassen.
5. Petersilie und Rucola grob hacken. Frühlingszwiebel putzen und in feine Röllchen schneiden. Selleriegrün grob schneiden und alles unter den Salat heben.
6. Salzen, pfeffern und genießen.

44. Grünkohl-Ingwer-Wok mit Tofu

30 min | 2 Portionen | 270 kcal | 18g Fett | 11g Kohlenhydrate | 16g Eiweiß

Zutaten

- 250 g Grünkohl
- 1 rote Paprika
- 200 g Tofu
- 1 Küchenzwiebel
- 1 mittelgroßes Ingwerstück
- 1 kleine Chilischote
- 3 EL Sojasoße
- 130 ml Gemüsebrühe
- 1 EL Hoisin-Soße
- 2 EL Olivenöl

Zubereitung:

1. Den Tofu würfeln. Grünkohl von den Stielen befreien und in mundgerechte Stücke zupfen. Paprika halbieren, putzen und in Streifen schneiden. Dann noch Knoblauch, Ingwer und Küchenzwiebel schälen. Zwiebel in dünne Scheiben schneiden, Ingwer und Knoblauch fein hacken.
2. Chilischote putzen, halbieren und alle Kerne entfernen. Schote dann fein würfeln.
3. Olivenöl im Wok erhitzen und darin den Tofu schön braun anbraten und dann herausnehmen. Die Paprika und die Zwiebel im Bratfett unter stetigem Rühren 2 Minuten anbraten. Dann den Ingwer, den Knoblauch, die Chilischote und den Grünkohl hinzugeben und 2 Minuten braten.
4. Mit Gemüsebrühe, Soja- und Hoisin-Soße ablöschen und bei mittlerer Hitze 5 bis 8 Minuten garen. Salzen und dann den Tofu unterrühren. Alles kurz warm werden lassen.

Servieren Sie das Gericht gerne mit Buchweizen- oder Vollkornnudeln.

Hauptgerichte mit Fisch

45. Mediterrane Bruschetta

15 min | 2 Portionen | 310 kcal | 19g Fett | 22g Kohlenhydrate | 6g Eiweiß

Zutaten

- 1 gehackte Knoblauchzehe
- 50 g Grünkohl
- 1 TL Kapern
- 60 g entsteinte schwarze Oliven
- 2 El Olivenöl
- 1 Sardellenfilet (klein geschnitten)
- 100 g Cherrytomaten (halbiert)
- 1 Vollkornbrötchen
- 1 Bund Rucola (klein geschnitten)
- ¼ TL Kräuter der Provence
- 1 EL Balsamico-Essig

Zubereitung:

1. Grünkohl waschen, Blätter vom Stiel lösen und klein schneiden. Anschließend die Oliven in Viertel schneiden.
2. Sardellenfilet und Knoblauch mit Olivenöl und Kräutern vermengen und pürieren. Bei Bedarf 2 EL Wasser hinzugeben und mit Pfeffer und Salz würzen.
3. Balsamico-Essig und Olivenöl mit Tomaten und Rucola vermengen.
4. Das Brötchen klein schneiden und im Toaster anrösten. Alles mit dem Aufstrich bestreichen und zusammen mit dem Rucola Salat servieren.

46. Sirtfood-Salat mit Gemüse

25 min | 2 Portionen | 455 kcal | 32g Fett | 10g Kohlenhydrate | 27g Eiweiß

Zutaten

- 1 Römersalat
- Salz
- 2 gekochte Eier
- 1 gehackte Knoblauchzehe
- 2 Sardellenfilets
- 1 EL Zitronensaft
- Pfeffer
- 100 g grüne Bohnen
- 4 EL Olivenöl
- 1 rote geschnittene Zwiebel
- 25 g entsteinte schwarze Oliven
- 2 halbierte Romatomaten
- 1 TL Dijonsenf
- 1 rote Paprika (klein geschnitten)
- 1 ½ EL Rotweinessig
- 1 EL Kapern
- 1 Dose Bio-Thunfisch

Zubereitung:

1. Waschen und schneiden Sie die zuerst die Bohnen und geben diese anschließend in einen Topf mit Salzwasser. Alles für 10 Minuten bissfest garen, anschließend abgießen und zur Seite stellen.
2. Für das Dressing Senf, Knoblauch, Zitronensaft, Salz, Pfeffer, Essig und Olivenöl miteinander vermengen. Den Salat putzen und klein schneiden. Sardellen anschließend ebenfalls waschen und in kleine Stücke schneiden.
3. Lassen Sie den Thunfisch und die Kapern abtropfen und zerkleinern beides.

4. Schälen Sie die Eier und achteln Sie sie anschließend. Salat, Bohnen, Tomaten, Paprika und eine Hälfte der Zwiebeln vermengen. Die andere Hälfte der Zwiebeln mit Thunfisch, Sardellen, Oliven, Kapern und Eiern vermengen und auf dem Salat garnieren. Das Dressing darüber geben und genießen.

47. Lachs mit Zitronennote

35 min | 2 Portionen | 480 kcal | 35g Fett | 13g Kohlenhydrate | 28g Eiweiß

Zutaten

- 1 Bio-Zitrone
- 400 g Brokkoli-Röschen
- 200 g Lachsfilet ohne Haut
- 150 g Kartoffeln
- 2 EL Mandelblättchen
- 2 Stängel Liebstöckel (1 Stängel gehackt)
- 2 ½ EL Olivenöl
- 5 Stängel Dill (2 Stängel gehackt)
- Pfeffer
- Salz

Zubereitung:

1. Beginnen Sie damit, die Kartoffeln zu schälen und klein zu schneiden. Anschließend zusammen mit den Brokkoli-Röschen salzen und für 25 Minuten in einem Topf dämpfen.
2. Die Zitrone waschen und halbieren. Eine Hälfte auspressen und die andere klein schneiden.
3. Eine hitzebeständige Form mit Öl bestreichen und Dill und Liebstöckel hineinlegen. Den Lachs mit 2 EL Zitronensaft bestreichen und würzen. Die gehackten Kräuter über den Fisch geben und nochmals mit 1 EL

Zitronensaft und 1 EL Öl beträufeln. Die Zitronenscheiben über den Lachs legen und alles für 15 Minuten bei 190 Grad backen.

4. In der Zwischenzeit eine Pfanne mit Öl erhitzen und die Mandelblättchen rösten. 2 EL Zitronensaft hinzugeben und mit dem Gemüse vermengen. Alles würzen und mit dem Fisch servieren.

48. Italienische Fischpfanne

30 min | 2 Portionen | 440 kcal | 32g Fett | 10g Kohlenhydrate | 27g Eiweiß

Zutaten

- 1 rote Zwiebel (Scheiben geschnitten)
- 2 EL Olivenöl extra vergine
- 250 g gewürfeltes Lachsfilet
- 1 gehackte Knoblauchzehe
- 1 halbierte Bio-Orange
- Pfeffer
- Salz
- 2 EL Zitronensaft
- 2 gehackte Thymianzweige
- 4 entsteinte schwarze Oliven
- 400 g Tomaten aus der Dose
- 1 EL Kapern
- 2 EL frische Petersilie

Zubereitung:

1. Beginnen Sie damit, das Lachsfilet mit Zitronensaft zu bestreichen und mit Pfeffer und Salz zu würzen.
2. Danach eine Hälfte der Orange auspressen und die andere Hälfte in Scheiben schneiden.
3. Öl in einer Pfanne erhitzen und die Orangenscheiben anbraten. Knoblauch und Zwiebeln hinzugeben und alles

dünsten. Zum Schluss den Orangensaft hinzugeben. Nach und nach Tomaten in die Pfanne geben, würzen und für 25 Minuten bei mittlerer Hitze kochen. Thymian, Orangenscheiben, Kapern, Lachs und Oliven unter die Tomatensauce mengen und für weitere 15 Minuten köcheln lassen.
4. Zum Schluss alles mit der Petersilie garnieren und servieren.

49. Thunfisch-Schmorgericht

60 min | 2 Portionen | 310 kcal | 17g Fett | 10g Kohlenhydrate | 28g Eiweiß

Zutaten

- 1 gehackte Knoblauchzehe
- 2 Thunfischfilets
- 200 g Schwarzkohl
- 1 EL Kapern
- 1 rote Zwiebel (in Scheiben geschnitten)
- 1 rote Paprika (in Scheiben geschnitten)
- 1 gelbe Paprika (in Scheiben geschnitten)
- 3 EL Olivenöl
- Pfeffer
- Salz
- 4 entsteinte grüne Oliven
- 2 EL gehackte Petersilie
- 1 EL Weißweinessig
- 2 Zitronenscheiben

Zubereitung:

1. Beginnen Sie damit, den Kohl zu waschen, Stiele zu entfernen und die Blätter klein zu schneiden. Dann Knoblauch und Zwiebel mit 2 EL Olivenöl in eine Pfanne

geben. Mit Pfeffer und Salz würzen und für 40 Minuten zugedeckt garen lassen.
2. In einer zweiten Pfanne Öl erhitzen und den Fisch von beiden Seiten je 3 Minuten anbraten. Mit Pfeffer und Salz würzen.
3. Oliven und Kapern klein hacken und zusammen mit dem Essig unter das Gemüse heben. Alles für 1 Minute bei hoher Temperatur kochen lassen. Nachdem der Essig verdunstet ist, vom Herd nehmen und die Petersilie untermengen.
4. Auf einem Teller Thunfisch und Gemüse anrichten und mit Zitronenscheiben garnieren.

Abendessen

50. Grünkohl-Ingwer-Wok mit Tofu

30 min | 2 Portionen | 270 kcal | 18g Fett | 11g Kohlenhydrate | 16g Eiweiß

Zutaten

- 250 g Grünkohl
- 1 rote Paprika
- 200 g Tofu
- 1 Küchenzwiebel
- 1 mittelgroßes Ingwerstück
- 1 kleine Chilischote
- 3 EL Sojasoße
- 130 ml Gemüsebrühe
- 1 EL Hoisin-Soße
- 2 EL Olivenöl

Zubereitung:

1. Den Tofu würfeln. Grünkohl von den Stielen befreien und in mundgerechte Stücke zupfen. Paprika halbieren,

putzen und in Streifen schneiden. Dann noch Knoblauch, Ingwer und Küchenzwiebel schälen: Zwiebel in dünne Scheiben schneiden, Ingwer und Knoblauch fein hacken.
2. Chilischote putzen, halbieren und alle Kerne entfernen. Schote dann fein würfeln.
3. Olivenöl im Wok erhitzen und darin den Tofu schön braun anbraten und dann herausnehmen. Die Paprika und die Zwiebel im Bratfett unter stetigem Rühren 2 Minuten anbraten. Dann den Ingwer, den Knoblauch, die Chilischote und den Grünkohl hinzugeben und 2 Minuten braten.
4. Mit Gemüsebrühe, Soja- und Hoisin-Soße ablöschen und bei mittlerer Hitze 5 bis 8 Minuten garen. Salzen und dann den Tofu unterrühren. Alles kurz warm werden lassen.
Servieren Sie das Gericht gerne mit Buchweizen- oder Vollkornnudeln.

51. Traditionell italienische Limone-Kalb-Scaloppine mit Rucola

25 min | 2 Portionen | 250 kcal | 13g Fett | 9g Kohlenhydrate | 24g Eiweiß

Zutaten

- 1 Bio-Zitrone
- 3 EL Olivenöl
- 4 dünne Bio-Kalbsschnitzel
- 80 g Rucola
- 1 rote Küchenzwiebel
- 1 Bio-Orange
- 1 TL körniger Senf
- 200 ml Kalbsfond
- 1 EL heller Balsamico-Essig
- 1 TL Kapern
- Pfeffer, Salz

Zubereitung:

1. Bio-Zitrone halbieren und aus einer Hälfte den Saft auspressen. Die andere Hälfte von der Schale und der weißen Haut befreien und die Kerne entfernen. 2 Scheiben von dieser Zitronenhälfte abschneiden und in ganz kleine Stücke zerteilen.
2. 2 EL des Zitronensaftes mit einem Esslöffel Olivenöl vermischen und 10 Minuten die Kalbsschnitzel darin marinieren.
3. Rucola waschen und klein schneiden. Zwiebel schälen und in feine Ringe schneiden.
4. Bio-Orange von der Schale und der weißen Fruchthaut befreien. Orange in Scheiben schneiden und den austretenden Saft auffangen. Den Orangensaft mit dem Senf, dem Balsamico-Essig und dem Olivenöl verrühren. Pfeffern, salzen und mit dem Rucola, den Zwiebeln sowie den Orangenscheiben mischen.
5. Kalbsschnitzel aus der Zitronen-Olivenöl-Marinade herausholen und trocken tupfen. Nun in einer Pfanne 3 Minuten von beiden Seiten leicht anbraten. Pfeffern und salzen nach Geschmack. Dann aus der Pfanne rausnehmen und in einer Alufolie warmhalten.
6. Die Marinade mit weiteren 2 EL Zitronensaft und dem Kalbsfond in die Pfanne geben und 3 Minuten einkochen. Dann die Hitzezufuhr senken und die Schnitzel sowie die Kapern hinzugeben. Alles gut warm werden lassen und die kleinen Zitronenstücke unterheben.
7. Die Kalbsschnitzel auf 2 Tellern anrichten und mit dem Limonen-Kapern-Sud begießen. Dazu den Rucola-Orangen-Salat servieren.

52. Grünkohl-Risotto

20 min | 2 Portionen | 440 kcal | 21g Fett | 46g Kohlenhydrate | 16g Eiweiß

Zutaten

- 1 große Küchenzwiebel
- 250 g Grünkohl
- 3 EL Olivenöl
- 150 g Buchweizen
- 2 EL Parmesan
- 1 Knoblauchzehe
- 250 ml Gemüsebrühe
- 15 g getrocknete Steinpilze
- 2 EL frische Petersilie

Zubereitung:

1. Steinpilze mit 150 ml heißem Wasser übergießen und ungefähr eine halbe Stunde lang quellen lassen. In der Zwischenzeit die Küchenzwiebel schälen und fein würfeln. Grünkohl putzen und in mundgerechte Stückchen zupfen.
   Knoblauch schälen und fein hacken.
2. Steinpilze dann abgießen und Einweichwasser auffangen. Pilze kleinhacken.
3. 1 EL Olivenöl in einem Topf erhitzen und den Knoblauch darin andünsten. Grünkohl hinzugeben, pfeffern und salzen. Alles bei starker Hitzezufuhr 3 Minuten anbraten. Mit 100 ml Gemüsebrühe ablöschen und nicht zugedeckt bei mittlerer Hitzezufuhr garen, bis die Flüssigkeit verdampft ist.
4. Grünkohl aus dem Topf nehmen, abkühlen lassen. Das restliche Olivenöl dann erhitzen und die Zwiebel glasig dünsten. Die Pilze und den Buchweizen untermischen und mit der restlichen Brühe sowie knapp 100 ml des

Pilzwassers aufgießen. Mit Deckel bei schwacher Hitzezufuhr 25 Minuten garen, bis die Flüssigkeit aufgesogen werden konnte.

5. Dann den Grünkohl unter das Buchweizen-Risotto rühren und 3 Minuten warm werden lassen.
Mit frisch gehackter Petersilie und Parmesan bestreuen.

53. Pikante Lachsnudeln

15 min | 4 Portionen | 692 kcal | 37g Fett | 13g Kohlenhydrate | 55g Eiweiß

Zutaten

- 150 g halbierte Cherrytomaten
- 2 EL Olivenöl
- 250 g Räucherlachs
- 2 gehackte Knoblauchzehen
- 100 ml Weißwein
- 250 g Buchweizennudeln
- 1 gehackte rote Zwiebel
- 2 gehackte Chilis
- 60 g Rucola
- 2 EL Kapern
- 10 g gehackte Petersilie
- Saft von ½ Bio-Zitrone

Zubereitung:

1. 1 TL Öl in einer Pfanne erhitzen und darin Knoblauch, Zwiebeln und Chili dünsten. Die Tomaten hinzugeben und für drei Minuten mitdünsten. Alles mit dem Weißwein ablöschen und bis zur Hälfte einkochen lassen.
2. Währenddessen die Nudeln mit 1 TL Öl nach Anleitung kochen, abgießen und zur Seite stellen.
3. Zitronensaft, Rucola, Lachs, Petersilie und Kapern zu den Tomaten geben und vermengen. Nudeln hinzugeben,

alles miteinander vermengen und servieren. Zum Schluss mit dem restlichen Öl beträufeln.

54. Mediterraner Gemüse-Bohnen-Eintopf

15 min | 2 Portionen | 431 kcal | 9g Fett | 68g Kohlenhydrate | 15g Eiweiß

Zutaten

- 400 g Tomaten aus der Dose
- 1 EL Olivenöl
- 30 g gehackte Möhren
- ½ gehackte Chili
- 50 g gehackte rote Zwiebeln
- 1 TL Kräuter der Provence
- 1 gehackte Knoblauchzehe
- 200 ml Gemüsebrühe
- 30 g gehackter Sellerie
- 1 EL Tomatenmark
- 40 g Buchweizen
- 200 g Bohnen (Dose)
- 1 EL gehackte Petersilie
- 50 g gehackter Grünkohl

Zubereitung:

1. Öl in einem Topf erhitzen, Zwiebeln, Knoblauch, Karotte, Sellerie, Kräuter und Chili hinzugeben und anbraten. Brühe, Tomatenmark, Bohnen und Tomaten hinzugeben und für 30 Minuten köcheln.
2. Anschließend Grünkohl hinzugeben und weitere 10 Minuten kochen. Zum Schluss Petersilie hinzugeben. Petersilie unterheben.
3. Den Buchweizen nach Anleitung kochen und zusammen mit dem mediterranen Eintopf anrichten und servieren.

55. Lachs-Omelett

15 min | 1 Portionen | 437 kcal | 33g Fett | 2g Kohlenhydrate | 29g Eiweiß

Zutaten

- 100 g Räucherlachs
- 1 TL gehackte Petersilie
- 2 Eier Größe „M“
- 1 TL Olivenöl extra vergine
- ½ TL Kapern
- 10 g gehackter Rucola

Zubereitung:

1. Verquirlen Sie in einer Schüssel die Eier miteinander. Heben Sie nach und nach Petersilie, Rucola, Lachs und Kapern darunter.
2. Erhitzen Sie Öl in einer Pfanne und geben den Teig hinein. Die Eiermasse dabei in Bewegung halten bis das Ei stockt. Anschließend die Temperatur reduzieren und mit dem Pfannenwender zusammenklappen. Auf Tellern anrichten und servieren.

56. Bacon-Kräuter-Omelett

15 min | 1 Portionen | 539 kcal | 46g Fett | 3g Kohlenhydrate | 23g Eiweiß

Zutaten

- 35 g roter Chicorée (in Scheiben geschnitten)
- 50 g Bacon
- 5 g gehackte Petersilie
- 1 TL Olivenöl und 3 Eier Größe „M“

Zubereitung:

1. Braten Sie zuerst den Speck in einer Pfanne gut an. Legen Sie den gebratenen Bacon anschließend auf ein Küchenpapier zum austropfen.
2. Verquirlen Sie in der Zwischenzeit Petersilie, Eier und Chicorée miteinander. Heben Sie den Speck anschließend unter die Ei-Mischung. Alles in einer Pfanne mit Öl goldbraun braten. Zwischendurch die Ei-Masse in Bewegung halten und sobald das Ei stockt, vom Pfannenrand lösen und zusammenklappen oder offen servieren.

57. Herbstlicher Kürbis-Tofu-Topf

15 min | 4 Portionen | 908 kcal | 54g Fett | 140g Kohlenhydrate | 50g Eiweiß

Zutaten

- 1 gewürfelte, rote Zwiebel
- 2 gehackte Knoblauchzehen
- 1 EL Olivenöl extra vergine
- 100 g gewürfelte Möhre
- 100 g gewürfelter Stangensellerie
- 1 EL gehackte Petersilie
- 1 EL Kräuter der Provence
- 1 EL Tomatenmark
- 800 g weiße Bohnen (Dose, abgetropft)
- 1 Liter Gemüsebrühe
- 500 g gewürfelter Butternut-Kürbis
- 350 g Tofu (mundgerechnet geschnitten)
- 100 g gehackter Grünkohl

Zubereitung:

1. In einem Topf Olivenöl erhitzen und Karotten, Zwiebeln, Knoblauch, Sellerie und die getrockneten Kräuter darin

andünsten. Alles mit Brühe, Tomatenmark und Bohnen ablöschen und für 10 Minuten bei schwacher Hitze köcheln lassen.

2. Geben Sie nun den Kürbis hinzu und lassen alles für weitere 10 Minuten köcheln.
3. Danach den Grünkohl ebenfalls in den Topf geben und sieben Minuten köcheln lassen. Tofu und Petersilie zu guter Letzt hineinrühren, aufkochen lassen und alles servieren.

58. Brokkoli-Buchweizen-Bowl

30 min | 2 Portionen | 475 kcal | 20g Fett | 53g Kohlenhydrate | 23g Eiweiß

Zutaten

- Saft einer Bio-Limette
- 100 g Buchweizen
- 110 g tiefgekühlte Edamame-Bohnen
- ½ EL Chilisoße
- 1 EL Sesamöl
- 250 g Brokkoli
- 1 Msp. Honig
- 1 EL Rapsöl
- 2 Bio-Eier
- 50 g Rotkohl

Zubereitung:

1. Rotkohl putzen und in dünne Streifen schneiden. Anschließend mit dem Limettensaft vermischen und kräftig pfeffern und leicht salzen. Mit den Fingern ordentlich durchkneten und durchziehen lassen.
2. Buchweizen in 250 ml Salzwasser 25 Minuten lang garen.
3. Brokkoli putzen und die Röschen in Salzwasser 15 Minuten blanchieren.

4. In einem Topf die tiefgefrorenen Edamame-Bohnen in ausreichend Salzwasser 10 Minuten lang garen. Alles abgießen.
5. Nun die Chilisoße, das Sesamöl, 6 EL Wasser und den Honig glatt miteinander verrühren. Aus den beiden Eiern in einer Pfanne mit Rapsöl 2 Spiegeleier ausbraten und nach Geschmack würzen.
6. Buchweizen auf zwei Schälchen verteilen und darauf den Rotkohl, den Brokkoli und die Edamame-Bohnen geben. Spiegeleier darüberlegen und servieren.

59. Brokkoli-Putenrolle

30 min | 2 Portionen | 395 kcal | 20g Fett | 20g Kohlenhydrate | 32g Eiweiß

Zutaten

- 1 Knoblauchzehe
- 10 Basilikumblätter
- 15 g gehackte Petersilie
- ½ Bio-Zitrone
- 15 g Walnusskerne
- 3 EL Olivenöl
- 1 TL Dijon-Senf
- 100 g Bio-Putenschnitzel
- 80 ml Hühnerbrühe
- 2 EL Semmelbrösel
- 1,5 Msp. Chiliflocken
- 400 g Brokkoli

Zubereitung:

1. Knoblauch schälen und fein hacken. Auch die Basilikumblätter und die Petersilie grob hacken. Die Schale der Bio-Zitrone abreiben und den Saft auspressen. Die Walnusskerne ebenfalls hacken.

Nun die Kräuter, die Hälfte des Knoblauchs, die Hälfte der Zitronenschale, 2 EL des Zitronensaftes, die Walnusskerne, 1,5 EL Olivenöl und den Senf im Multi-Zerkleinerer ganz fein pürieren und nach Belieben mit Pfeffer und Salz würzen.

2. Bio-Putenschnitzel in schmale Streifen schneiden und mit der Kräutercreme bestreichen. Dann aufrollen und mit einem Holzspieß feststecken.
3. Brokkoli putzen und die Röschen 15 Minuten in Salzwasser garen.
4. 1 EL Olivenöl in der Pfanne erhitzen und die Putenröllchen darin kräftig von allen Seiten anbraten. Dann die Hühnerbrühe hinzugießen und zugedeckt bei mittlerer Hitzezufuhr 8 Minuten garen.
5. Dann das restliche Olivenöl in einer Pfanne erhitzen und darin die Semmelbrösel sowie den restlichen Knoblauch rösten. Die Chiliflocken untermischen und salzen.
6. Brokkoli abgießen, auf Tellern anrichten, mit den Chili-Semmelbröseln bestreuen und die Putenröllchen damit servieren. Die Röllchen mit ganz wenig Gar-Sud beträufeln.

60. Sirtfood-Salat mit Nüssen

10 min | 1 Portionen | 655 kcal | 51g Fett | 13g Kohlenhydrate | 28g Eiweiß

Zutaten

- 10 g gehackte Petersilie
- 1 entsteinte und gehackte Medjool-Dattel
- 10 g gehackter Liebstöckel
- 1 EL Olivenöl
- Saft von ¼ Bio-Zitrone
- 50 g Rucola
- 1 EL Kapern
- 100 g Räucherlachs (Scheiben)
- 40 g Sellerie (in Scheiben geschnitten)
- 80 g entsteinte, geschälte und geschnittene Avocado
- 20 g rote Zwiebeln (in Scheiben geschnitten)
- 50 g Chicoréeblätter
- 15 g gehackte Walnüsse

Zubereitung:

1. Waschen Sie zuerst die Salatblätter und geben diese in eine Schüssel.
2. Vermengen Sie die übrigen Zutaten miteinander und geben alles über den Salat.
3. Auf Tellern anrichten und servieren.

61. Waldorf-Sirt-Salat

10 min | 1 Portionen | 576 kcal | 46g Fett | 21g Kohlenhydrate | 14g Eiweiß

Zutaten

- 50 g gehackte Petersilie
- 50 g gehackter Apfel
- 5 g gehackter Liebstöckel
- 1 EL Olivenöl
- Saft von ¼ Bio-Zitrone
- 1 TL Balsamico-Essig
- 1 EL Kapern
- ¼ TL Dijon-Senf
- 100 g Sellerie (in Scheiben geschnitten)
- 50 g Rucola
- 10 g rote Zwiebeln (gehackt)
- 35 g Chicoréeblätter
- 50 g gehackte Walnüsse

Zubereitung:

1. Vermischen Sie in einer Salatschüssel folgendes miteinander: Liebstöckel, Zwiebeln, Apfel, Kapern, Walnüsse und Petersilie.
2. Geben Sie für das Dressing Zitronensaft, Essig, Senf und Öl in eine Schüssel und vermengen auch dies gut miteinander.
3. Geben Sie den Salat in Salatschüsseln und beträufeln alles mit dem Dressing. Nun anrichten und servieren.

62. Gesunder Nudel-Buchweizen-Salat

15 min | 1 Portionen | 198 kcal | 15g Fett | 5g Kohlenhydrate | 8g Eiweiß

Zutaten

- 1 gewürfelte Tomate
- 60 g Buchweizennudeln
- 15 g Parmesan
- 1 TL Kapern
- 1 EL gehackte Petersilie
- 10 g rote Zwiebeln (in Ringe geschnitten)
- 2 Scheiben Parmaschinken (geschnitten in 3 cm Stücke)
- 1 EL Olivenöl
- 20 g Rucola
- 50 g Artischocken (Öl oder Wasser, abgegossen und klein geschnitten)
- Saft von ½ Bio-Zitrone

Zubereitung:

1. Beginnen Sie damit, die Buchweizennudeln nach Packungsanleitung zu kochen. Gießen Sie diese anschließend ab und stellen sie zur Seite.
2. Vermengen Sie in der Zwischenzeit Olivenöl, Tomaten, Zwiebeln, Kapern, Petersilie und Zitronensaft miteinander. Heben Sie anschließend die Buchweizennudeln darunter.
3. Mengen Sie zum Schluss noch den Parmaschinken unter den Nudelsalat und richten alles auf dem Rucola an. Geben Sie als Garnierung noch den Parmesan darüber und servieren den leckeren Nudelsalat.

63. Thunfischsalat à la Sirtfood

15 min | 1 Portionen | 417 kcal | 21g Fett | 6g Kohlenhydrate | 46g Eiweiß

Zutaten

- 1 Ei Größe „M“
- 15 g entsteinte schwarze Oliven
- 50 g grüne Bohnen
- 50 g halbierte Cherrytomaten
- 20 g Rucola
- 2 TL Olivenöl
- 150 g Thunfisch (Dose, abgegossen)
- Saft von ½ Bio-Zitrone
- ½ TL Weißweinessig
- 1 TL gehackte Petersilie
- 20 g rote Zwiebeln (in Ringe geschnitten)
- 20 g gewürfelter Stangensellerie

Zubereitung:

1. Beginnen Sie zuerst damit, die Bohnen in einen Topf mit kochendem Wasser zu geben. Lassen Sie diese dort für ungefähr sechs Minuten gar werden, anschließend herausnehmen und zur Seite stellen.
2. Geben Sie nun das Ei in das kochende Wasser und lassen diese ebenfalls bis zur gewünschten Konsistenz kochen. Das Ei anschließend unter kaltem Wasser abschrecken, schälen und vierteln.
3. Vermengen Sie nun in einer Schüssel Oliven, Sellerie, Petersilie, Tomaten, Bohnen, Zwiebeln, Essig und Olivenöl miteinander.
4. Richten Sie den Salat auf dem Rucola an, verteilen Ei und Thunfisch darüber und beträufeln alles mit dem Zitronensaft.

64. Avocado-Quinoa-Salat mit Hähnchenbrustfilet

10 min | 1 Portionen | 682 kcal | 42g Fett | 37g Kohlenhydrate | 31g Eiweiß

Zutaten

- 1 EL gehackte Petersilie
- 50 g Quinoa
- 1 TL Kapern
- ½ Avocado (ohne Kern, in Scheiben geschnitten)
- 20 g getrocknete, gehackte Tomaten
- 100 g gekochtes, gewürfeltes Hähnchenbrustfilet
- 1 TL Olivenöl
- 20 g Rucola
- Saft von ½ Bio-Zitrone
- 20 g rote Zwiebeln (in Ringe geschnitten)

Zubereitung:

1. Zuerst die Quinoa nach Anleitung garkochen. Vermengen Sie Petersilie, Tomaten, Kapern, Zitronensaft und Öl miteinander und heben die Quinoa unter.
2. Hähnchenfleisch und Avocadoscheiben auf der Quinoa-Mischung verteilen. Zum Schluss alles auf dem Rucola anrichten und servieren.

65. Sirtfood-Brokkoli-Salat

10 min | 1 Portionen | 428 kcal | 24g Fett | 35g Kohlenhydrate | 14g Eiweiß

Zutaten

- 20 g rote Zwiebeln (in Ringe geschnitten)
- 60 g gehackte Brokkoli-Röschen
- 30 g Rucola
- 1 EL gehackte Petersilie
- 40 g geviertelte Artischockenherzen
- 1 EL geröstete Kürbiskerne
- Saft von ½ Bio-Zitrone
- 1 TL Olivenöl
- 15 g entsteinte schwarze Oliven
- 75 g weiße Bohnen

Zubereitung:

1. Vermengen Sie alle Zutaten, bis auf den Rucola und die Kürbiskerne, miteinander.
2. Geben Sie nun die Brokkoli-Mischung auf den Rucola und garnieren alles mit den gerösteten Kürbiskernen.

66. Salat mit Forelle und Kartoffeln

10 min | 1 Portionen | 353 kcal | 19g Fett | 19g Kohlenhydrate | 23g Eiweiß

Zutaten

- 100 g geschälte und halbierte Kartoffeln
- 1 TL Olivenöl
- 35 g Brunnenkresse
- 1 TL gehackte Petersilie
- 100 g geräucherte Forelle (in Streifen geschnitten)
- 20 g rote Zwiebeln (in Ringe geschnitten)
- Saft von ½ Bio-Zitrone
- 1 TL Kapern
- 20 g Stangensellerie (in Scheiben geschnitten)

Zubereitung:

1. Die Kartoffeln für 20 Minuten gar kochen.
2. Vermengen Sie Olivenöl, Sellerie, Kapern, Zwiebeln, Petersilie und Zitronensaft miteinander.
3. Beginnen Sie, die fertigen Kartoffeln mit der Gabel-Rückseite etwas anzudrücken. Wichtig hier: nicht ganz zerdrücken! Vermengen Sie die Kartoffeln mit der Kapern-Masse.
4. Die Forelle mit der Kresse vermengen und mit den Kartoffeln servieren. Bei Bedarf noch mit etwas Zitronensaft übergießen.

67. Leckere Suppe mit Brunnenkresse

10 min | 1 Portionen | 372 kcal | 17g Fett | 38g Kohlenhydrate | 13g Eiweiß

Zutaten

- 200 ml Gemüsebrühe
- 2 TL Olivenöl
- 1 El gehackte Petersilie
- 30 g geschnittener Stangensellerie
- 50 g weiße Bohnen (Dose, abgetropft)
- 75 g gehackte Brunnenkresse
- 30 g Küchenzwiebeln (in Ringe geschnitten)

Zubereitung:

1. Zuerst 1 TL Olivenöl in einen Topf geben. Zwiebeln und Sellerie für zwei Minuten anbraten und alles mit der Brühe ablöschen. Anschließend Bohnen hinzugeben und für 10 Minuten zugedeckt köcheln lassen.
2. Petersilie und Brunnenkresse nun zu der Suppe geben und ein paar Minuten weiter köcheln lassen. Alles von der Kochstelle nehmen und pürieren.
3. Zum Schluss die Suppe mit dem restlichen Öl beträufeln und servieren.

68. Brokkolisuppe nach Sirtfood-Art

10 min | 1 Portionen | 441 kcal | 20g Fett | 44g Kohlenhydrate | 18g Eiweiß

Zutaten

- 2 TL Olivenöl
- 50 g weiße Bohnen (Dose, abgetropft)
- 125 g Brokkoli (mit Stiel, in Scheiben geschnitten)
- 30 g rote Zwiebeln (in Scheiben geschnitten)
- 500 ml Gemüsebrühe
- 1 Knoblauchzehe (in Scheiben geschnitten)
- 30 g Stangensellerie (in Scheiben geschnitten)
- ½ TL getrockneter Thymian
- 4 Basilikumblätter
- 10 g Blauschimmelkäse

Zubereitung:

1. 1 TL Olivenöl in einem Topf erhitzen und Sellerie, Knoblauch, Zwiebeln, Thymian und Brokkoli bei mittlerer Hitze drei Minuten lang andünsten.
2. Brühe und Bohnen hinzugeben und für 30 Minuten bei schwacher Hitze köcheln.
3. Geben Sie zum Schluss den Käse hinzu, richten alles auf Tellern an und garnieren die Suppe mit dem Basilikum. Das übrige Olivenöl darüber träufeln und servieren.

69. Tofu-Pilz-Suppe

15 min | 4 Portionen | 677 kcal | 39g Fett | 33g Kohlenhydrate | 41g Eiweiß

Zutaten

- 1 l Gemüsebrühe
- 400 g gewürfelter, fester Tofu
- 10 g getrocknete Wakame
- 120 g Misopaste
- 200 g Shiitake-Pilze (in Scheiben geschnitten)
- 1 gehackte Chili
- 2 Frühlingszwiebeln (in Ringe geschnitten)

Zubereitung:

1. Die Wakame-Algen 10 Minuten lang in warmem Wasser einweichen und abgießen. Brühe in einem Topf aufkochen, Pilze hinzugeben und zwei Minuten köcheln lassen.
2. Misopaste mit etwas warmer Brühe vermengen. Den Tofu der restlichen Brühe hinzugeben. Darauf achten, dass die Suppe nicht mehr kocht.
3. Abgetropfte Wakame mit Chili und Frühlingszwiebeln hinzugeben und servieren.

70. Suppe mit Grünkohl und Walnüssen

15 min | 1 Portionen | 497 kcal | 25g Fett | 47g Kohlenhydrate | 15g Eiweiß

Zutaten

- 500 ml Gemüsebrühe
- 4 gehackte Walnusshälften
- 2 TL Olivenöl
- 1 Knoblauchzehe (in Scheiben geschnitten)
- 75 g weiße Bohnen (Dose, abgetropft)
- 30 g Sellerie (in Scheiben geschnitten)
- 1 TL getrockneter Thymian
- 30 g rote Zwiebeln (in Ringe geschnitten)
- 50 g gehackter Grünkohl

Zubereitung:

1. Knoblauch, Zwiebeln und Sellerie mit 1 TL Olivenöl in einem Topf drei Minuten lang dünsten. Anschließend Brühe, Thymian und Bohnen hinzugeben und alles für 25 Minuten köcheln lassen.
2. Anschließend den Grünkohl hinzugeben und für weitere 10 Minuten köcheln lassen.
3. Danach alles pürieren und bei Bedarf noch etwas Wasser hinzugeben. Falls die Suppe vor dem pürieren zu wässrig ist, bis zur gewünschten Konsistenz kochen lassen.
4. In der Zwischenzeit die Walnüsse für 15 Minuten im Backofen bei 160 Grad rösten.
5. Zum Schluss die Suppe mit 1 EL Olivenöl beträufeln und mit Nüssen servieren.

71. Würzige Linsen-Suppe nach Sirtfood Art

15 min | 1 Portionen | 472 kcal | 18g Fett | 54g Kohlenhydrate | 19g Eiweiß

Zutaten

- 500 ml Gemüsebrühe
- 1 TL Olivenöl
- 1 TL Currypulver
- 30 g gewürfelte rote Zwiebeln
- 1 TL Kurkuma
- 30 g gewürfelter Stangensellerie
- 1 gehackte Chili
- 30 g gewürfelte Möhren
- 50 g rote Linsen
- 1 TL gehackte Petersilie
- 1 gehackte Knoblauchzehe

Zubereitung:

1. Olivenöl in einem Topf erhitzen und Möhren, Zwiebeln und Sellerie andünsten. Chili, Gewürze und Knoblauch hinzugeben und alles anbraten.
2. Nun mit der Brühe ablöschen. Linsen hinzugeben und die Suppe für 30 Minuten köcheln lassen.
3. Zum Schluss einen Spritzer Olivenöl und die Petersilie unterheben und servieren.

72. Herzhaftes Rührei

10 min | 1 Portionen | 349 kcal | 29g Fett | 2g Kohlenhydrate | 15g Eiweiß

Zutaten

- 5 g gehackte Petersilie
- 1 TL Olivenöl
- 50 ml fettarme Milch
- 20 g gehackte rote Zwiebeln
- 3 Eier Größe „M“
- 1 TL Kurkumapulver
- ½ gehackte Chili

Zubereitung:

1. Geben Sie das Öl in die Pfanne und braten Chili und Zwiebeln für 3 Minuten an.
2. Eier, Kurkuma, Milch und Petersilie miteinander verquirlen. Den Teig in die Pfanne gießen und bei mittlerer Hitze für 10 Minuten garen.

73. Schnelle Putenschnitzel mit Käse-Kruste

13 min | 1 Portionen | 438 kcal | 25g Fett | 8g Kohlenhydrate | 40g Eiweiß

Zutaten

- 10 g geriebener Cheddar-Käse
- 10 g gehackte Walnüsse
- ½ TL Olivenöl extra vergine
- 10 g gewürfelte, rote Zwiebeln
- Saft von ¼ Bio-Zitrone
- 1 EL gehackte Petersilie
- 150 g Putenschnitzel

Für den Salat:

- 40 g Rucola
- 1 TL Kapern
- 100 g geachtelte Tomaten
- 1 TL Balsamico-Essig
- 20 g gewürfelte, rote Zwiebeln
- 30 g Stangensellerie (in Scheiben geschnitten)
- 1 TL Olivenöl

Zubereitung:

1. Reiben Sie das Putenschnitzel mit dem Olivenöl ein, legen es auf ein Backblech und grillen es für 4 Minuten.
2. In der Zwischenzeit Käse, Zwiebeln, Walnüsse und Petersilie miteinander vermengen.
3. Geben Sie alle Zutaten für den Salat in eine Schüssel.
4. Wenn das Putenschnitzel gar ist, von einer Seite mit der Käsemischung belegen und erneut für 4 Minuten grillen.
5. Zum Schluss den Zitronensaft über das Schnitzel geben und zusammen mit dem Salat anrichten und servieren.

74. Ofen-Lachs mit Kartoffeln

14 min | 4 Portionen | 396 kcal | 20g Fett | 21g Kohlenhydrate | 29g Eiweiß

Zutaten

- 1 TL Olivenöl
- 1 Kopf Brokkoli (in Röschen zerteilt)
- 400 g gekochte Kartoffeln
- 4 Lachsfilets (ohne Haut)
- 1 Bund Spargel (geschält, Enden entfernt)

Für die Kresse-Soße:

- 1 EL Kapern
- 30 g Brunnenkresse
- Saft von 1 Bio-Zitrone
- 5 g gehackte Petersilie
- 2 EL Olivenöl

Zubereitung:

1. Bestreichen Sie die Lachsfilets mit dem Olivenöl und backen alles für zehn Minuten bei 200 Grad.
2. Währenddessen Spargel und Brokkoli weich dämpfen.
3. Alle Zutaten für die Kresse-Soße miteinander vermengen und pürieren.
4. Den Lachs nun aus dem Ofen nehmen. Lachs mit Kartoffeln und Kresse-Soße anrichten und servieren.

75. Sirtfood Kräuter-Sardinen mit Avocado-Salat

10 min | 1 Portionen | 692 kcal | 54g Fett | 5g Kohlenhydrate | 40g Eiweiß

Zutaten

- 1 TL Olivenöl
- 1 EL gehackte Petersilie
- 40 g Rucola
- 120 g Sardinen (Dose, ohne Gräten, abgegossen)
- 2 gehackte Walnusshälften
- Saft von ½ Bio-Zitrone
- 30 g Stangensellerie (in Scheiben geschnitten)
- ½ geschnittene Avocado
- 30 g rote Zwiebeln (in Scheiben geschnitten)
- 1 TL Kapern

Zubereitung:

1. Zwiebeln und Sellerie mit der Hälfte des Zitronensafts vermengen.
2. Avocado mit Kapern, Rucola, Olivenöl und Walnüssen vermischen. Sardinen mit dem restlichen Zitronensaft und der Petersilie vermengen und alles auf der Avocado-Mischung verteilen und servieren.

76. Asia-Garnelen-Pfanne

10 min | 1 Portionen | 363 kcal | 17g Fett | 11g Kohlenhydrate | 36g Eiweiß

Zutaten

- 75 g Buchweizennudeln
- 150 g geschälte Riesengarnelen
- 2 TL Olivenöl
- 2 TL Sojasauce
- 1 gehackte Knoblauchzehe
- 1 Chili
- 5 g Liebstöckel
- 1 TL gehackter Ingwer
- 75 g gehackte grüne Bohnen
- 20 g rote Zwiebeln (in Ringe geschnitten)
- 40 g Sellerie (in Scheiben geschnitten)
- 100 ml Hühnerbrühe
- 50 g gehackter Grünkohl

Zubereitung:

1. Garnelen in einer Pfanne mit Sojasauce und 1 TL Öl drei Minuten braten. Anschließend auf einen Teller geben. Pfanne auswischen.
2. Nudeln nach Anleitung kochen, abgießen und zur Seite stellen.
3. Öl in die Pfanne geben und Sellerie, Chili, Zwiebeln, Bohnen, Grünkohl und Ingwer drei Minuten braten. Brühe hinzugeben und drei Minuten köcheln lassen.
4. Garnelen, Liebstöckel und Nudeln in die Pfanne geben, aufkochen lassen und servieren.

77. Fruchtiges Tabouleh

10 min | 1 Portionen | 618 kcal | 35g Fett | 63g Kohlenhydrate | 9g Eiweiß

Zutaten

- 50 g Buchweizen
- 1 EL gehackte Kapern
- 1 EL Kurkumapulver
- 65 g gehackte Tomaten
- 25 g gehackte Medjool-Datteln
- 80 g gehackte Avocado
- 20 g gehackte rote Zwiebeln
- 30 g gehackte Petersilie
- Saft von ½ Bio-Zitrone
- 100 g halbierte Erdbeeren
- 30 g Rucola
- 1 EL Olivenöl

Zubereitung:

1. Buchweizen und Kurkuma nach Anleitung kochen, abgießen und zur Seite stellen.
2. Die Datteln mit Kapern, Avocado, Petersilie, Zwiebeln, Buchweizen und Tomaten vermengen. Heben Sie die Erdbeeren mit Zitronensaft und Öl unter den Salat.
3. Nun alles auf dem Rucola anrichten und servieren.

Schluss

Ich hoffe sehr, dass Ihnen dieses Buch den Einstieg in die Sirtfood-Diät erleichtern konnte. Sie sehen, wie vielseitig diese Ernährung ist. Entdecken Sie die wertvollen Sirtfood-Nahrungsmittel und probieren Sie verschiedene Rezeptideen aus. Die Gerichte in diesem Buch sind zum Ausprobieren und auch als Orientierungshilfe gedacht. Ich wünsche Ihnen alles Gute und viel Gesundheit!

Herzlichen Dank

Ich freue mich sehr darüber, dass Sie mein Buch gelesen haben und bedanke mich für Ihr entgegengebrachtes Vertrauen in meine Ernährungstipps.
Viel Freude wünsche ich Ihnen beim Ausprobieren der Rezepte.

Alles Gute für Sie

Ihre Alexandra L. Thal

Alexandra L. Thal

Ich freue mich über Ihr Feedback

Für mich ist es sehr wichtig, Feedback zu meinem Buch zu bekommen. Wenn Sie Anregungen oder Verbesserungsvorschläge haben, so schreiben Sie mir doch bitte eine Mail an:

info@virtuoso-verlag.de

bevor Sie eine schlechte Bewertung abgeben. Ich freue mich sehr über konstruktive Kritik. Da es mich viel Zeit und Energie gekostet hat, dieses Buch zu erstellen, wäre ich Ihnen sehr dankbar, wenn Sie mir anstelle einer schlechten Bewertung Ihre Verbesserungsvorschläge persönlich zukommen lassen. Denn dann hätte ich eine Chance, Ihre Kritik anzunehmen und mein Buch zu verbessern.

Über eine Rückmeldung in Form einer Rezension auf Amazon würde ich mich ebenfalls sehr freuen. Diese können Sie wie folgt erstellen: Besuchen Sie auf Amazon.de die Produktseite des Artikels, für den Sie eine Rezension erstellen möchten. Klicken Sie unter Kundenrezensionen auf „Kundenrezension verfassen“. Bewerten Sie den Artikel und verfassen Ihre Rezension. Alternativ können Sie diesen Link benutzen, der Sie direkt auf die Seite leitet, auf der bestellte Produkte zu bewerten sind. Der Link ist verschlüsselt und sicher:

https://virtuoso-verlag.de/Amazon-Bewertung

Über die Autorin

Die sympathische Autorin **Alexandra L. Thal** ist ausgebildete Gesundheits- und Ernährungsberaterin, die mit Herzenslust ihrer Leidenschaft, dem Schreiben, nachgeht. Sie ist sehr interessiert an neuen Ernährungs-Trends und verfasst regelmäßig Bücher für den Verlag „VIRTUOSO“ zu den Themen „Gesundheit, Ernährung und Kochen“.

„Du merkst erst, wie kostbar deine Gesundheit ist, wenn du einen Teil von ihr verloren hast“, so die herzliche Autorin. Deshalb rät sie allen Menschen, bewusster mit sich und ihrem Körper umzugehen und Dankbarkeit zu lernen. Die Autorin hat bereits einige Schicksalsschläge hinter sich und musste sich ihre wieder erworbene Gesundheit und Lebensfreude hart erkämpfen. „Wie groß der Einfluss positiver Gedanken und einer bewussten Ernährung tatsächlich auf Körper und Geist ist, habe ich am eigenen Leib erfahren“, verrät Alexandra L. Thal. Mit ihren Fachkenntnissen und ihrer einfühlsamen Art möchte sie anderen Menschen dabei helfen, ihre Ernährung zu optimieren und ihr persönliches Wohlbefinden zu steigern. Alexandra selbst legt einen großen Wert auf nachhaltige Produkte und ist ein sehr naturverbundener Mensch. Was bei ihr ganz groß geschrieben wird, ist die FAMILIE. Sie liebt es, mit ihrem Hund spazieren zu gehen und für Freunde und Familie zu kochen. Lassen auch Sie sich inspirieren von Alexandras natürlichem Charme!

Die erfahrene Autorin wünscht Ihnen viel Freude beim Eintauchen in ihre Bücher und eine große Portion Gesundheit.

Haftungsausschluss

Der Autor übernimmt keinerlei Gewähr für die Aktualität, Korrektheit, Vollständigkeit oder Qualität der bereitgestellten Informationen und weiteren Informationen. Haftungsansprüche gegen den Autor, welche sich auf Schäden materieller oder ideeller Art beziehen, die durch die Nutzung oder Nichtnutzung der dargebotenen Informationen bzw. durch die Nutzung fehlerhafter und unvollständiger Informationen verursacht wurden, sind grundsätzlich ausgeschlossen, sofern seitens des Autors kein nachweislich vorsätzliches oder grob fahrlässiges Verschulden vorliegt. Alle Angaben wurden vom Autor mit größter Sorgfalt und nach bestem Wissen und Gewissen recherchiert oder spiegeln seine eigene Meinung wider. Der Inhalt des Buches passt möglicherweise nicht zu jedem Leser und die Umsetzung erfolgt ausdrücklich auf eigenes Risiko. Es gibt keine Garantie dafür, dass alles genau so, bei jedem Leser, zu genau den gleichen Ergebnissen führt. Der Autor und/oder Herausgeber kann für etwaige Schäden jedweder Art aus keinem Rechtsgrund eine Haftung übernehmen.

Urheberrecht

Impressum

Alexandra L. Thal

1. Auflage 2020

Kontakt:
"VIRTUOSO"
Athina Crane
Mittenwalder Str. 5A
82467 Garmisch-Partenkirchen
info@virtuoso-verlag.de
Covergestaltung: Wolkenart – Marie-Katharina Becker,
www.wolkenart.com
Lektorat: M. H.
Bilder: M. F.
Fotos: www.depositphotos.com, www.shutterstock.com

Printed in Poland
by Amazon Fulfillment
Poland Sp. z o.o., Wrocław

68570496R00073